D1705805

MALLARMÉ
ET L'ÉTHIQUE DE LA POÉSIE

ESSAIS D'ART ET DE PHILOSOPHIE

MALLARMÉ
ET
L'ÉTHIQUE DE LA POÉSIE

par

André STANGUENNEC

PARIS
LIBRAIRIE PHILOSOPHIQUE J. VRIN
6, Place de la Sorbonne, Vᵉ
—
1992

A François, Marianne, Thomas, Fanny

La loi du 11 mars 1957 n'autorisant, aux termes des alinéas 2 et 3 de l'article 41, d'une part, que les «copies ou reproductions strictement réservées à l'usage privé du copiste et non destinées à une utilisation collective» et, d'autre part, que les analyses et les courtes citations dans un but d'exemple et d'illustration, «toute représentation ou reproduction intégrale, ou partielle, faite sans le consentement de l'auteur ou de ses ayants droit ou ayants cause, est illicite» (Alinéa 1er de l'article 40).

Cette représentation ou reproduction, par quelque procédé que ce soit constituerait donc une contrefaçon sanctionnée par les Articles 425 et suivants du Code pénal.

© *Librairie Philosophique J. VRIN,* 1992
Printed in France
ISSN 0249-7913
ISBN 2-7116-1122-1

PRÉFACE

Le présent essai s'écarte des lectures dominantes que les philosophes français ont jusqu'ici proposées de Mallarmé. Ces lectures, toutes fortement «intelligentes», nous ont constamment paru peu «compréhensives», nous voulons dire puissamment abstraites, prélevant de nombreux textes, mais faisant silence sur ceux qui contrarient le dessein de faire de Mallarmé le «précurseur» des ruptures de pensée caractéristiques de notre siècle.

Trois grandes lectures philosophiques sont ainsi devenues paradigmatiques. Une première lecture, celle de Sartre, vise à faire du poète le premier des penseurs de l'absurde, de la «dissonance» entre l'exigence humaine de nécessité et le hasard irréductible du monde[1]. Un second type de lecture saisit en Mallarmé l'initiateur de la littérature «textualiste» et «auto-référentielle». Une telle interprétation s'est imposée à partir des études de J. Derrida[2], P. Szondi[3], Ph. Sollers[4], V. Descombes[5]. Un dernier modèle exégétique, enfin, reconnaît dans l'auteur de «L'action restreinte» l'instaurateur d'un «anarchisme prudent»[6], subvertissant les principes d'autorité théologiques, politiques, sexuels, pour les réériger dans la «religion du Livre», «l'élitisme de l'écrivain», la «jouissance stérile» d'un texte normé d'interdits par ses symboles (Hérodiade, les ancêtres d'Igitur, le Maître du «Coup de dés», etc.).

---

1. J.-P. Sartre, Préface aux *Poésies de Mallarmé*, Paris, NRF, Gallimard, 1952, et *Mallarmé*, posthume, Paris, Gallimard, 1986.
   2. J. Derrida, *La dissémination*, Paris, Le Seuil, 1972.
   3. P. Szondi, «Sept Leçons sur Hérodiade», in *Poésies et Poétiques de la modernité*, P.U. de Lille, 1981.
   4. Ph. Sollers, «Littérature et Totalité» in *Logiques*, Paris, Le Seuil, Coll. Tel Quel, 1968.
   5. V. Descombes, «Ontologie de l'œuvre d'art», in *Proust*, Paris, Ed. de Minuit, 1987.
   6. J. Kristeva, *La révolution du langage poétique*, Paris, Le Seuil, Coll. Tel Quel, 1974.

L'ensemble de nos analyses mène, on le verra, à des conclusions fort différentes de ces thèses, sans que ces dernières, à l'exception de celle de Sartre, fassent l'objet de discussions particulières. C'est bien pourquoi, il nous paraît utile de les rappeler dans cette Préface. Au «matérialisme analytique et vaguement spinoziste»[1] attribué par Sartre à Mallarmé, à son prétendu désintérêt pour le thème de l'action politique[2], nous opposerons le «jeu» du sens intra-mondain et la recherche d'une fondation du républicanisme moderne[3]. Quant à l'instauration mallarméenne de la littérature textualiste et auto-référentielle, elle est fortement soulignée par J. Derrida, selon qui Mallarmé n'intentionnerait nullement une vérité «mimétique» de l'œuvre, réduite, en conséquence, à «... une mimique qui n'imite rien, ... une référence sans référent»[4], et où le mot d'Idée que Mallarmé se plaît en effet à écrire avec majuscule, ne renverrait en rien à «l'idéalisme»[5] d'un sens transcendant, mais à la fiction d'un signifié tout entier produit par le jeu textuel du signifiant. La clôture auto-référentielle de la poésie de Mallarmé ne fait pas plus de doute pour P. Szondi, pour lequel, à l'évidence, le Beau mallarméen «... n'est affirmation que de lui-même. Ainsi, il est isolé, abstrait, replié sur soi»[6]. Il en résulte, selon les propres termes de P. Szondi, que la «philologie», relativement à l'œuvre de Mallarmé, doit se substituer à l'interprétation «cosmologique» du poème. De même, pour Ph. Sollers, le but de Mallarmé est «... de donner au verbe écrire, selon la formule de R. Barthes, sa fonction intransitive, de communiquer à la lecture un sens absolument littéral»[7]. Même opinion chez V. Descombes : la littérature «pure» de Mallarmé est «celle qui s'en tient à l'écriture (la fameuse "écriture intransitive")»[8]. Contre ces thèses nous ferons valoir, plus bas, l'intention d'une *mimésis* à visée cosmologique explicitement formulée par le poète, sa prétention à ce qu'on a pu appeler une «vérité métaphorique»[9], et son ambition de

1. J-P Sartre, Préface citée, p. 7.
2. Thèse constante du *Mallarmé* de Sartre, pertinemment contestée par B. Marchal, *La Religion de Mallarmé*, Paris, J. Corti, 1988, p. 396 et suivantes.
3. Cf. respectivement, plus bas, ch. I, 2, Discussion des interprétations de Mauron, Michaud, Sartre, et ch. III, 2, de «L'art pour tous» (1862) à «L'action restreinte» (1896) : sur l'omission de Sartre.
4. J. Derrida, *op. cit.*, p. 234.
5. *Ibidem*, p. 221.
6. Peter Szondi, *op. cit.*, p. 123.
7. Ph. Sollers, *op. cit.*, p. 98.
8. V. Descombes, *op. cit.*, p. 117.
9. P. Ricœur, *La métaphore vive*, VII, 5. Paris, Le Seuil, 1975.

construire un «modèle» poétique de l'univers, modèle à prétention tout à la fois théorique et pratique, concurrent des modèles de pensée et de pratiques épistémiques ou «mathèmes»[1]. L'anarchisme «prudent» de Mallarmé, enfin, selon la troisième exégèse, n'ambitionnerait qu'une «jouissance stérile», non soumise à la reproduction de l'espèce humaine dont la «Mère» figure le principe social d'autorité et avec laquelle toutes les éthiques sociales – archaïque, antique ou «moderne» – auraient uniformément partie liée. Le poète «... ne reconnaît donc pas la fonction de l'épouse-mère dans l'instauration de la contrainte sociale, mais la dévalorise pour s'en défendre, et, l'ayant refoulée, déplace la jouissance dans le symbolique»[2]. Nous pensons, à l'encontre, que l'éthique mallarméenne assume bien la valeur de reproduction de l'espèce avec sa contrainte sociale. C'est bien plutôt «l'ère d'autorité»[3], démocratique, qui mène, sous le principe de l'intellect analytique, à la jouissance stérile. La stérilité d'Hérodiade, «jeune intellectuelle» des Noces[4], n'est, selon nous, qu'une stérilité «réactive», condamnant la «stérilité active» du «siècle malin» et s'associant à la fécondité de la «Femme d'autrefois»[5], avec laquelle elle a, en fin de compte, partie liée dans le jeu du monde.

Quant à la méthode mise en œuvre, notre essai, dans la ligne de travaux antérieurs[6] s'en est partiellement expliqué[7]. Mais nous voudrions, dans cette Préface, inscrire nettement l'entreprise de Mallarmé dans le contexte de l'avènement de la démocratie républicaine. Mallarmé, nous semble-t-il, part du constat d'une désacralisation certaine du monde politique moderne, et il s'agit pour lui de demander à l'œuvre d'art de se substituer aux fondements sacralisant l'autorité politique qu'ont pu représenter le mythe archaïque puis une religion chrétienne fortement anthropocentrée dans la Monarchie d'Ancien Régime. Il est clair que son problème est celui de tous les grands écrivains politiques de la seconde moitié du XIXe siècle en France, comme l'ont montré les travaux de P. Bénichou[8]. Ce problème peut se formuler ainsi : comment concilier l'autonomie

1. A. Badiou, *L'être et l'évènement*, Paris, Le Seuil, 1988.
2. J. Kristeva, *op. cit.*, p. 453.
3. Mallarmé, *Œuvres*, Pléiade, p. 56.
4. *Les Noces d'Hérodiade*, Paris, Gallimard, 1959, p. 65.
5. Mallarmé, «Le phénomène futur», *O. C.*, p. 269.
6. Cf. notamment, *Etudes post-kantiennes*, Ed. L'Age d'Homme, 1987, Deuxième Partie, ch. III et IV, sur la dimension ontologique et éthique de l'herméneutique des Contes de L. Tieck.
7. Cf. Plus bas, ch. II, 1.
8. Cf. notamment, *Le temps des Prophètes*, Paris Gallimard, 1979.

«républicaine» de la nouvelle société politique et l'indispensable idée d'une fondation sacrée du «lien» politique, fondation non «religieuse» puisque son athéisme entraîne Mallarmé à admettre la séparation irréversible de l'Eglise et de l'Etat? Ce que constate et déplore profondément le poète est la pure «laïcité»[1] républicaine qui entraîne la fragilité tant théorique que pratique des sociétés modernes. Théoriquement, dans leur auto-compréhension d'elles-mêmes, elles ne parviennent pas vraiment à légitimer la valeur absolue de l'autonomie sans référence au sacré; pratiquement, sans une référence minimale à un quelconque sacré transcendant, dans la sphère excessivement anthropocentrée de leur praxis, elles n'ont aucune raison de renoncer à ce que nous avons nommé le principe de «jouissance triste»[2], stérilisant l'espèce, de même qu'à celui d'une exploitation sans limites traitant la nature comme simple objet, principe de «dévastation de la terre»[3]. Mallarmé cherche ainsi dans l'œuvre d'art, plus précisément dans le «Livre» mêlant poésie et théâtre, une telle fondation éthico-esthétique de la praxis humaine en général et de la pratique politique en particulier.

Il nous semble que cette problématique est encore fondamentalement la nôtre, car nos sociétés peuvent-elles véritablement légitimer les principes sur lesquels elles reposent sans une référence au caractère «sacré» de tels principes, tant dans leur compréhension d'elles-mêmes que dans leurs pratiques? Il y a chez Mallarmé une dialectique qu'instaure l'œuvre – en laquelle s'efface la personnalité du poète[4] – entre la particularité du peuple démocratique (plus globalement de l'humanité) et l'universalité mondaine de la «Loi»[5] ou du «Verbe»[6]. Cette médiation par l'individualité de l'œuvre, synthèse de la particularité humaine et de l'universalité mondaine, doit prendre, dans le projet mallarméen, la succession de ces individualités sacralisant le lien politique que furent les sorciers, les prêtres, les rois de la Monarchie absolue dans les contextes politiques antérieurs au nôtre. Ainsi, le peuple et l'humanité modernes devraient pouvoir rattacher cette fois leur autonomie (méconnue par les théories et les pratiques antérieures à la modernité) à l'autonomie d'un Soi déjà présent dans

---

1. Mallarmé, *O. C.*, p. 392-397.
2. Cf. plus bas, Ch. III, 1.
3. Thèmes nietzschéens médités par Heidegger dans *Qu'appelle-t-on penser?*
4. Sur ce point, cf. notamment P. Thompson, «Mallarmé, la Cour, la révolution», in *La révolution française dans la pensée européenne*, Lausanne, Ed. L'Age d'homme, p. 157-163.
5. Mallarmé, *O. C.*, p. 653-654.
6. *Ibid.* p. 853.

l'Univers, présence affirmée sur un mode réflexif, non dogmatique, à l'encontre de tout savoir absolu, comme de toute «foi» religieuse, comme la «suggestion» probable et crédible qui est le «sens» du symbole, proposé au peuple. Dès lors l'autonomie de ce que Mallarmé nomme «le peuple souverain» ne doit pas être «indépendante» d'une autonomie qui est son origine «naturelle» et même «divine», celle du «Jeu» souverain du «Soi» dans le milieu de la contingence irrationnelle du monde. L'anthropomorphie – celle de la forme du Soi humain présente en tout étant – ne doit pas être confondue avec l'anthropocentrisme, projetant en la nature ou en Dieu le contenu spécifique de la «subjectivité» humaine. Mallarmé nie donc les dieux et le Dieu des «théologies», non le «divin» de la «théiologie»[1]. Le «divin» est la forme du Soi originaire, le milieu de la «séité» dans lequel l'homme projette illusoirement les dieux et Dieu. S'il faut donc admettre l'athéisme de Mallarmé – au sens précis de la négation d'un Dieu – sujet, d'un Dieu-personne, intelligent et volontaire – nous ne pensons pas qu'il y ait chez lui une négation radicalement «nihiliste» du «divin» dans le monde. C'est bien pourquoi l'interprétation, courante après Sartre, selon laquelle la seule transcendance signifiante serait celle du néant qu'est le Soi humain (le «sujet» fini) nous paraît aller à l'encontre de nombre de textes de Mallarmé. Si «Dieu» est bien pour le poète la projection anthropocentrée du sujet humain dans le Soi divin, il nous semble bien qu'il «postule» un Soi anté-humain, intra-mondain, qu'il nomme le «Verbe». Ce «Verbe» joue et se joue dans le milieu du hasard en une éternelle alternance de victoires et d'échecs, dont la «tragédie solaire» représente le symbole, ou, dans les termes de Kant, l'Idée esthétique. C'est là, écrit encore le poète, «la pièce écrite au *folio* du Ciel et mimée avec le geste de ses passions par l'homme»[2]. Telle est, en définitive, l'intériorité théoriquement et pratiquement «inviolable» du Verbe sacré, en jeu dans l'extériorité des phénomènes et que l'homme doit reconnaître et imiter en «... l'explication orphique de la Terre, qui est le seul devoir du poète, et le jeu littéraire par excellence»[3].

---

1. Cette distinction, empruntée à Heidegger, sera explicitée plus bas.
2. Mallarmé, *O. C.*, p. 294.
3. *Ibidem*, Autobiographie à Verlaine, p. 663.

Chapitre Premier

L'ETHOS DU SEJOUR
ET
LE JEU DU MONDE

I. Le divin et Dieu

Nous croyons qu'il n'est pas inutile de répéter la question théologique de Mallarmé, après tant d'hypothèses interprétatives extrêmes, précisément pour contester trop d'hypothèses exclusives, envisageant soit l'idéalisme du poète, sur un mode strictement hégélien, soit son absurdisme, sur un mode qui doit beaucoup aux études que Sartre lui a consacrées. Selon les déclarations de Mallarmé relatives à son itinéraire de pensée, telles que les livre, en particulier, la Correspondance, trois phases successives sont généralement retenues. Tout d'abord, celle de la croyance en un Dieu bon, relayé par des «anges». Elle fut l'absolu de son enfance. Puis, sous l'influence de la peine éprouvée à la suite de la perte d'êtres chers et du constat d'absurdité de la matière, vint une période de négation farouche, à l'issue de la «lutte terrible avec ce vieux et méchant plumage, terrassé heureusement, Dieu»[1]. Mais le Dieu ici terrassé est celui d'une religion théiste bien particulière et sa négation représente une victoire qui a goût de défaite, car elle est synonyme d'une chute vertigineuse dans le néant. Mallarmé traverse alors une phase de nihilisme désespéré : «oui, je le sais, nous ne sommes que de vaines formes de la matière – mais bien sublimes pour avoir inventé Dieu et notre âme»[2]. Et il ajoute : «je chanterai en désespéré»[3]. Dans la même lettre, il évoque «... le Néant auquel je suis arrivé sans connaître le bouddhisme»[4]. Enfin, Mallarmé rencontre Hegel, ou, du moins, une interprétation du hégélianisme qui lui fut suggérée par son ami Eugène Lefébure, de Pâques à juillet 1866, de

---

1. *Correspondance*, I, p. 241, 14 mai 1867.
2. Lettre à Cazalis, fin avril 1866, *Ibid.*, I, p. 207.
3. *Ibid.*, p. 208.
4. *Ibidem*.

même que par la lecture d'articles, en particulier celui d'E. Schérer sur Hegel et l'hégélianisme qui l'a vraisemblablement fort imprégné[1].

Sans aller jusqu'à dire que «Mallarmé fut l'application systématique de l'hégélianisme aux lettres françaises»[2], il faut admettre que Lefébure «... ne craignait pas, parfois, de le diriger vers des mystiques et des philosophes, Hegel, Novalis, J-P Richter, ou de le féliciter d'avoir songé comme lui à les étudier»[3]. Nous réservant de tenter plus bas un rapprochement entre *Igitur* et certains textes des Pères de l'Eglise, nous voudrions insister au début de notre enquète sur l'apport spécifiquement hégélien à l'inquiète interrogation de Mallarmé touchant le problème de Dieu.

Ce que Hegel apporta de façon ultime et décisive à Mallarmé fut, non pas le concept de *Theos*, c'est-à-dire du Dieu chrétien personnalisé sous une forme anthropocentrée, mais bien celui du Logos, du Verbe divin qui s'aliène dans la nature et finit par prendre conscience de soi dans le milieu spécifiquement humain du langage, s'il est vrai qu'il ne faut «... jamais confondre le langage avec le Verbe»[4]. Ce Verbe permet à Mallarmé de conserver la croyance en l'existence d'un sens de l'univers que lui avait d'abord fournie la religion de son enfance, tout en séparant de façon lucidement critique ce sens originaire de toute représentation d'un Dieu personnel, attentif au cours naturel et humain du monde, intervenant en lui par ses miracles, récompenses et châtiments. A ce Dieu trop humain, Mallarmé substitue le Verbe qui est ce milieu d'un sens absolu dans lequel l'homme projette fictivement ses dieux. Le Verbe est bien «divin» : il est la «matière» dont l'homme fait ses dieux. Mais il n'est pas, selon l'interprétation que Mallarmé tient pour adéquate, véritablement Dieu ni même véritablement «dieux», si l'on songe plus particulièrement aux religions polythéistes. La croyance au sens divin du monde est en conséquence solidaire, chez le poète, d'un athéisme radical. Néanmoins, à l'Idée du Verbe pur, inhumain et impersonnel, Mallarmé associe une interprétation originale de l'aliénation lui permettant de dépasser le hégélianisme dans sa conception de la contingence de la nature. Telle fut sa pensée de «l'absurde» ou du «hasard». Il semble que Mallarmé voulait, en fait, donner un sens plus radicalement «historique» et

---

1. E. Schérer, «Hegel et l'hégélianisme», in *Revue des Deux Mondes*, Paris, 1861.
2. C. Mauclair, *La Chronique des Livres*, janvier 1901.
3. H. Mondor, *E. Lefébure*, Paris, Gallimard, huitième édition, p. 62.
4. Mallarmé, *O. C.*, p. 853. Le verbe mallarméen n'est donc ni la parole révélée de Dieu, ni le fils de Dieu incarné en Christ (Evangile de Jean).

« aléatoire » à la thèse hégélienne de la « négation interne » ou du « devenir-autre-que-soi » du sens. Il est compréhensible, d'abord, que Mallarmé, comme poète, ait préféré le terme de « Verbe » à celui de « Concept » afin d'exprimer le Logos divin. Mais, de plus, le Verbe est, selon le poète, l'expulsion de soi du Sens dans le milieu de la matière du monde, expulsion qui implique un risque de perte irréversible du sens dans le non-sens. Chez Hegel, au contraire, l'aliénation de l'absolu génératrice du monde était envisagée comme la séparation symétrique des deux moments, subjectif et objectif, du Concept ou de la pensée éternelle se pensant elle-même. L'éternelle unité originaire était, selon le philosophe, la pensée de soi de l'Absolu «... antérieurement à la création de la nature et d'un esprit fini »[1]. Cette séparation, à l'origine des mondes, produit le concept objectif, privé d'être-pour-soi qu'est la nature et le concept subjectif, l'être pour-soi, initialement privé d'objectivité en-soi, qu'est l'esprit. Pour l'exprimer simplement : esprit et nature coexistent simultanément et immédiatement chez Hegel, ce qui signifie que la nature est sans histoire et que, réciproquement, l'esprit, est nécessairement désir de développer son savoir de soi comme concept ou réflexion rationnelle subjective. Dès lors, le Logos, éternellement aliéné comme esprit est certain *a priori* de se retrouver développé en l'homme au terme d'une histoire nécessaire de l'Esprit. Ainsi que l'écrit D. Henrich dans son étude de la théorie de la contingence chez Hegel, « le contingent est déjà, comme naturalité librement délaissée, dominé par l'Idée et partant posé comme *indifférent* »[2]. La contingence n'apparait donc que comme l'enveloppe extérieure à l'intériorité du concept dans son développement fini. Chez Mallarmé, à l'encontre de cette disjonction immédiate la nécessité du Verbe se fait contingence dans une histoire de la nature où le Verbe se joue en se lançant comme les dés de la création. Agités de diverses façons, les dés peuvent finir par donner – chance improbable et minime – la vie d'abord, l'esprit ensuite. En d'autres termes, le poète envisage, à la différence d'une philosophie de la disjonction immédiate de la totalité, une véritable aventure de l'absolu pouvant se perdre dans le jeu du monde. Pour Hegel, encore fixiste à la manière d'Aristote, la totalité hierarchisée des « scalae naturae » est immédiatement réalisée et les hypothèses transformistes

---

1. Hegel, *Science de la Logique*, Paris, Aubier, trad. Labarrière et Jarczyk, tome I., p. 19.
2. Cité par J.-C. Pinson, *Hegel, le droit et le libéralisme*, Paris, PUF, 1989, p. 45. Pour une étude de la contingence chez Hegel, on peut se reporter au premier Chapitre de cet ouvrage.

relatives à une histoire de la nature qui commencent à être élaborées à son époque sont désignées par lui comme des «idées nuageuses» : «l'esprit qui observe et pense doit se défaire d'idées aussi nuageuses, au fond d'origine sensible, comme notamment de la théorie qui fait *sortir* les plantes et les animaux, puis les organisations animales supérieures des organisations inférieures»[1]. De plus, pour Mallarmé, l'esprit humain n'est pas la manifestation absolument nécessaire et immédiate du Concept infini, mais le résultat contingent et aléatoire du jeu de la nature en son devenir. Dès lors, à la sûre progression hégélienne allant de l'Idée à la nature et à l'esprit, phénomènes simultanés, le poète opposera la régression dont le principe est «l'esprit pur», formule d'A. de Vigny, dont le poème portant ce titre (1863) témoigne, comme *Igitur*, du rapport de l'homme avec la race qui l'a engendré. S'engageant résolument dans l'escalier du temps, Igitur choisira d'en descendre les marches, les «échelons de la nature» *(scalae naturae)*. N'étant pas immédiatement certain de son origine céleste puisque ne disposant pas du savoir logique de l'absolu dont jouit Hegel, Igitur va se chercher d'abord une origine terrestre. «Régression» a ici le sens d'une rétrospection de la nuit naturelle éclairée, en retour, par la lumière de l'esprit. Au lieu d'atteindre en lui-même, occupant la chambre sommitale de la fin de l'histoire, le ciel de l'Idée logique constellée d'essentialités, «il quitte la chambre» de la réflexion et «se perd dans l'escalier»[2]. Ainsi, en même temps qu'il se tourne vers son origine terrestre, le Moi humain d'Igitur se perd peu à peu au travers des échelons naturels, sa singularité personnelle se dissipant dans l'anonymat atomique originaire. A la logique du concept se substitue la géologie de l'esprit. De cet imaginaire rétrospectif qu'est l'histoire naturelle produisant l'esprit, c'est à Kant, l'historien du ciel, plutôt qu'à Hegel, qu'il conviendrait de demander l'exacte formulation : «ce n'est pas un mince plaisir, écrivait-il, de s'aventurer par l'imagination dans l'espace du chaos, et de voir la nature à demi-brute, à proximité de la sphère du monde formé, se perdre petit à petit en passant par tous les degrés et nuances de l'imperfection dans tout l'espace non formé»[3]. C'est à cet «espace non formé» que répond l'espace de la «page blanche» dans lequel le poète rejette mimétiquement les dés de son message.

---

1. Hegel, *Encyclopédie des sciences philosophiques*. Paris, Vrin, trad. Gibelin, § 249, p. 139.
2. *Igitur*, O. C., p. 436.
3. E. Kant, *Histoire de la nature et théorie du Ciel*, 1755, Paris, Vrin, trad. A.-M. Roviello, 1984, p. 154.

Mallarmé suggèrera, sans le savoir au sens du «savoir absolu» hégélien, que les atomes, termes physiques de la régression naturelle de l'esprit, sont «peut-être» les dés jetés par une pensée infinie qui a risqué, en eux, de se perdre mais eut, aussi, chance de se gagner en se retrouvant dans son autre : «rien n'aura eu lieu que le lieu, excepté, peut-être, une constellation ... roulant, brillant et méditant, avant de s'arrêter à quelque point dernier qui le sacre»[1] Dans ce passage, le «point dernier» est la parole poétique qui sacre l'espace, le lieu en général comme élément d'extériorisation du Verbe produisant «le heurt successif sidéralement d'un compte total en formation»[2], jeu d'une pensée divine impersonnelle et non d'un Dieu personnel comme le Dieu chrétien qui interviendrait, au point dernier, pour juger de l'œuvre humaine. Cérémonie de sacralisation du Verbe, telle se donne ici la poésie. Hégélien par la position d'une aliénation de l'absolu, Mallarmé est anti-hégélien par son souci de prendre en compte les réflexions produites à la fin du dix-neuvième siècle sur l'histoire hasardeuse et contingente de la nature. Le combat d'une essence en soi nécessaire contre le hasard qui l'enveloppe est un aspect fondamental du jeu du monde selon le poète. A la lutte du premier point pour maintenir sa structure d'atome, répond, comme point dernier, la lutte du poète contre l'arbitraire des signes, les hasards de la communication, le «bruit» des passions troublant la clarté du message.

Au total, Mallarmé ne paraît avoir refusé qu'une existence divine personnelle, anthropocentrée. Dans ce Dieu, après les déceptions et les deuils de l'enfance, il n'a vu qu'une projection imaginaire de l'humanité supprimant fictivement en lui ses faiblesses intellectuelles et morales. C'est, d'une certaine manière, la critique athée de Feuerbach que le poète aurait assimilée, critique ne portant évidemment pas contre Hegel qui fut le premier à la mettre en œuvre. Dans la critique de la foi opérée par les *Lumières* du dix-huitième siècle, Hegel avait déjà décrit le phénomène de projection anthropocentrée : «ce qui pour la foi est l'essence absolue est un être de sa propre conscience»[3]. Mais cette critique d'une foi naïve faisait elle-même preuve d'une naïveté en «croyant» que la foi en une Essence absolue du monde se réduisait à une projection de l'homme. Comme Hegel, Mallarmé maintient ce milieu de sens originaire, ce contenu, matière d'une fiction dans laquelle les religions taillent les images des dieux ou de

---

1. «Un coup de dés», *O. C.*, p. 474-477.
2. *Ibidem*.
3. Hegel, *Phénoménologie de l'Esprit*, Paris, Aubier, trad. Hyppolite, II, p. 101.

Dieu. Une telle critique est athée en ce qu'elle nie Dieu ou les dieux, non le «divin»[1]. Elle permet de purifier l'affirmation du divin, de guérir «la maladie d'idéalité», en lui substituant la saine vision du Verbe se développant : «le langage est le développement du Verbe, son Idée dans l'Etre, le temps devenu son mode; cela, à travers les phases de l'Idée et du temps en l'Etre, c'est-à-dire selon la vie et l'esprit»[2]. Ce texte mérite commentaire, tiré, qu'il est, des Notes de 1869 sur la Méthode. Le langage, expression humaine du Verbe, est le terme du développement de ce dernier. Le temps est devenu le mode d'être du Verbe comme langage. Mais ce temps est d'abord celui de la Vie, de l'histoire des espèces vivantes se transformant dans le temps naturel et ensuite celui de l'Esprit, phénomène humain du Verbe résultant lui-même de l'histoire de la vie, selon les hypothèses darwinistes du siècle insistant sur l'idée d'une lutte de la vie pour maintenir sa présence, lutte entre vivants de même qu'entre eux et leur milieu. Cette notion de lutte sera reprise dans la modalité du jeu qu'est le combat *(agon)*, inscrit dans l'ensemble des jeux du monde. La phrase antérieure fixait les rapports entre Verbe, Idée et temps : «le Verbe, à travers l'Idée et le Temps qui sont "la négation identique à l'essence" du Devenir devient le *Langage*»[3]. Cette phrase contient une citation entre guillemets renvoyant vraisemblablement soit à Hegel soit à l'article de Schérer de 1861 : «le temps, écrivait Hegel dans l'*Encyclopédie*, comme unité négative de l'*être hors de soi,* est aussi un abstrait, un idéal»[4]. Le poète répète la leçon du philosophe aux termes près : l'essence absolue nie son éternité pour se poser comme devenir dans le temps; le temps est son auto-négation et, en cette négation, l'essence demeure bien identique à soi, identité certes intériorisée, intérieur de cette extériorité qu'est le milieu du temps, négativité du concept devenue succession. Mais au lieu de l'indifférence du concept intérieur au temps et à l'espace extérieurs, indifférence se traduisant par la thèse de «la nature comme *système de degrés,* dont l'un dérive nécessairement de l'autre»[5], Mallarmé pose une lutte de l'essence intérieure, d'abord minimale, *contre* l'extériorité qui, récipro-

---

1. Cette distinction entre l'étant Dieu et l'être divin pourrait être rapprochée de la distinction heideggerienne entre la «théologie», science de l'étant-Dieu, et la «théiologie», science du théion, de l'être divin; cf. *Chemins qui ne mènent nulle part*, Paris, Gallimard, trad. Brokmeier, p. 161. L'athéisme mallarméen serait, en ces termes, «athéologique» mais nullement «athéiologique».
2. *O.C.,* p. 854.
3. *Ibidem.*
4. Hegel, *Encyclopédie,* § 249, trad. citée, p. 144.
5. *Ibidem,* § 249, p. 130.

quement, lutte contre elle. Selon la *Logique* hégélienne qui permet de lire la dialectique de développement *(Entwicklung)*, comme synthèse à dominante de l'Etre et de l'Essence, on peut envisager soit la domination de l'Etre par l'Essence qui s'y réfléchit soit la domination de l'Essence par l'Etre qui lui oppose ses déterminations propres. Il semblerait, dès lors, que le développement du concept dans la nature obéisse chez Hegel à la première synthèse à dominante «essentielle», tandis que, chez Mallarmé l'Essence «passe» (mouvement dialectique caractéristique de l'Etre) dans un milieu de l'Etre en devenir où ce sont les catégories qualitatives des «forces» et, quantitatives, de l'extension «numérique» (Mallarmé pensant la stratégie du Verbe en termes de «nombre») qui dominent les catégories de la réflexion. En témoigne, entre autres, l'image du Maître du *Coup de dés* : «l'unique nombre qui ne peut pas être un autre, Esprit, pour le jeter dans la tempête»[1]. L'Etre est moins le milieu indifférent de l'Essence que l'horizon menaçant un Verbe qui doit lui même être intensivement et extensivement «puissance du négatif».

Ainsi, en son état définitif, la pensée de Mallarmé associe à la position d'un sens absolu ou divin de l'Etre – reprise athée du premier moment, celui de la croyance critiquée sous l'influence de Hegel – une seconde position de pensée, celle du «non-sens», reprise probabiliste de sa phase «absurdiste», phase à laquelle il ne s'est pas fixé, contrairement à ce qu'ont suggéré de récentes interprétations, notamment celles de Sartre[2]. C'est, néanmoins, comme nous avons tâché de le montrer, une méditation sur l'une des formes possibles de l'aliénation développant l'infini dans le fini, forme impliquant le triomphe éphémère de la nécessité de l'Essence sur un Etre en devenir qui la domine initialement et qui finira, de même, par la vaincre terminalement, c'est une telle méditation devant à nouveau beaucoup à l'hégélianisme qui fournit à Mallarmé son horizon d'interprétation du jeu du monde. Le sens absolu, «l'essence», ce que tout étant est en soi et par soi, intérieurement et librement, s'exprime dans un milieu matériel, qualitativement et quantitativement en devenir. Ce milieu est constitué de la rencontre fortuite d'éléments qui peuvent fort bien, au demeurant, se lier selon des lois statistiquement nécessaires, les lois de la nécessité externe que l'on nomme «lois de la nature», «... lois suscitées, par ces diversions»[3], entraînant la rencontre hasardeuse des éléments de la nature.

1. *O. C.*, p. 462-463.
2. Sartre, *Préface aux Poésies de Mallarmé*, Paris, Gallimard, 1952.
3. *O. C.*, p. 854.

L'adoption par Mallarmé de la dialectique ludique du Verbe permet d'unir l'affirmation du sens à celle du non-sens, puisque le Verbe peut se développer à travers ce qui le nie – le hasard – et finir par s'exprimer dans ce milieu particulièrement hasardeux qu'est le langage humain. Le point dernier du hasard est, en effet, à cet égard, l'arbitraire du signe linguistique. L'arbitraire du signe, de même que l'écart entre le signifiant et le signifié, voilà ce que vise à dépasser la poésie en tant qu'établissement d'une correspondance *nécessaire* entre l'expression signifiante et le sens exprimé. D'où l'insistance de Mallarmé au sein des Notes consacrées au langage, sur la parole poétique : « la parole, en créant les analogies des choses par l'analogie des sons »[1]. On aborde là le thème du symbole mallarméen dont la visée est de produire un vers dont la sonorité, le rythme et l'accent suggèreront l'essence même de la chose dite vis-à-vis de laquelle le signifiant des langues naturelles, de par son caractère arbitraire, est, sauf exception, fort dissemblable. Le dépassement du hasard dans les signes s'avère bien dialectique, car le hasard n'est jamais totalement supprimé dans l'expression poétique de l'essence, conservé qu'il est toujours en partie comme la matière d'une métamorphose : « toute pensée émet un coup de dés »[2].

L'image du coup de dés est le symbole du monde en son point créé premier et dernier : la relance des dés visant l'expression des essences du monde fait en sorte que les douze pieds de l'alexandrin figurent, à l'instar du « double-six », la chance unique du poète. Cependant, les dés doivent être indéfiniment relancés, proposés, essayés dans la communication poétique, et jamais un gain n'y peut définitivement abolir le hasard de la rencontre entre l'auteur et son lecteur.

S'il est vrai que, selon le principe de Clausius, vraisemblablement connu de Mallarmé, toute structure d'ordre apparue en un « ici », lieu chanceux du Monde – la Terre – retombera peu à peu dans un désordre chaotique, il convient d'agir au plus vite. Le devoir est de dire le jeu du monde. Figure suprême du poète logique, Igitur, au nom de conséquence, « ... tout enfant, lit son devoir à ses ancêtres »[3]. Nous venons d'aborder le thème entropique. Il est dans l'esprit du temps. Clausius est longuement vulgarisé dans la *Revue des deux Mondes*, dans laquelle le poète avait lu l'article de Schérer sur Hegel, en 1861. Dans le numéro du 1er mai 1868, on trouve par exemple un article d'Ed. Savenay qui écrit : « la théorie mécanique de la chaleur est en

---

1. *Ibidem.*
2. *O. C.*, « Un coup de dés », p. 477.
3. Igitur, *O. C.*, p. 433.

train de faire son chemin dans les esprits; elle se propage, se vulgarise; on lui a tiré du grec un nom tout neuf, celui de «thermodynamique». Elle fait partie, maintenant, du fonds commun de toutes les personnes qui suivent le mouvement des idées»[1]. Mallarmé fait certainement partie de ces suiveurs d'idées communément admises en la science du temps. Savenay évoque avec précision la tendance de l'univers à l'entropie. Il nomme celle-ci une «disgrégation» : «état de dissociation des molécules, terme de Clausius»[2]. «Nous pouvons dire enfin, résume-t-il, que les molécules des corps tendront à prendre une disposition telle que, eu égard à la température règnante, la disgrégation totale est aussi grande que possible»[3]. Nous sommes en 1868 : Mallarmé est à Avignon. On peut vraisemblablement imaginer qu'il ait lu ces textes dans une Revue qu'il pratiquait, on le sait. Quelques années auparavant – 1er novembre 1866 – avait paru un article de Savenay sur «la physique moderne» dans lequel la formulation du premier principe, dit «de Carnot», n'est pas sans évoquer le vers fameux du «Coup de dés», «rien n'aura eu lieu que le lieu...»[4] : «la matière dans l'univers est en quantité immuable, il ne s'en crée ni ne s'en détruit et tout se réduit à des transformations.»[5]. Mallarmé a sans doute lu ces passages ou ceux d'autres articles qui foisonnent à l'époque sur physique et mécanique modernes dans la même publication[6].

Il est donc raisonnable de penser que le jeu de l'ordre et du désordre, que la victoire éphémère du premier sur le second font partie de ses préocccupations dans les termes de la physique du temps, termes lui permettant de préciser la rupture avec Hegel quant à l'interprétation de la place de la nature vis-à-vis de l'Idée : «tandis que chez Hegel, l'Idée est présupposée et que la nature n'est là que pour lui permettre d'apparaître dans son aliénation, chez Mallarmé le message est un presque-impossible, un miracle qui surgit «du fond d'un naufrage» pour disparaître presqu'inévitablement...»[7]. Jean Hyppolite formulait ainsi la différence entre les deux modes hégélien et mallarméen de la

1. *Revue des deux Mondes*, 1er mai 1868, p. 107.
2. *Ibidem*, p. 123.
3. *Ibidem*, p. 130.
4. *O. C.*, p. 474-475.
5. *Revue des deux Mondes*, 1er novembre 1866, p. 145.
6. Signalons, entre autres : 1er mai 1864, «Progrès récents de la Mécanique», J. Bertrand; 15 janvier 1867, «La nature et l'idéalisme», Ch. Lévêque; 1er juin 1869, «L'atome et l'esprit», du même auteur.
7. Jean Hyppolite, «Le coup de dés de Stéphane Mallarmé», in *Figures de la pensée philosophique*, Paris, PUF, 1971, II, p. 878.

contingence naturelle, de même que la possibilité de poursuivre la comparaison entre le démon de Maxwell – physicien contemporain du poète – et l'humanité transmettant la tradition d'exprimer le sens, « cet ultérieur démon immémorial »[1]. Le parrallélisme peut se poursuivre de Maxwell à N. Wiener et aux physiciens associant l'information des messages à l'improbabilité physique et à la négation de l'entropie[2].

Il est vraisemblable, enfin, que Mallarmé ait pris connaissance sinon de l'œuvre, du moins des idées qu'E. Boutroux exprimait en 1874 sur la contingence des lois de la nature, puisque nous avons rappelé plus haut qu'il s'était enquis, sur les conseils de Lefébure, d'œuvres de mystiques et de philosophes. Or, Boutroux médite Clausius en philosophe. « La qualité de l'énergie va toujours en diminuant, écrit-il, comme il résulte du principe de Clausius ; les phénomènes sont irréversibles, le résultat final est toujours une déchéance »[3]. De plus, le philosophe admet que les lois de la nature n'ont sans doute pas en elles-mêmes une stabilité parfaite[4], ce dont on trouve l'équivalent chez Mallarmé, lorsqu'il envisage que le temps naturel permet aux éléments épars du Verbe de se raccorder «... suivant ses lois suscitées par ces diversions »[5]. Enfin, Boutroux envisage à l'intérieur des étants une spontanéité orientée vers un idéal. Tandis que les lois physiques, liaisons hypothétiquement conditionnées entre les étants, contiennent une part irréductible de contingence, chaque étant a au-dedans de soi un idéal qui est sa nécéssité essentielle, son « devoir-être », véritable impératif catégorique : « il y a de la sorte, pour chaque être de la nature un idéal particulier »[6]. Certes, dans la série ascendante de de ces êtres « l'idéal ou degré de perfection compatible avec leur nature s'éloigne de plus en plus de la perfection absolue et pour cette raison, apparaît de moins en moins comme indispensable à réaliser... Comme il y a dans tous les êtres un idéal à réaliser, il doit exister, en tous, un degré de spontanéité »[7].

Mais ces modes de manifestation du sens idéal dans le non-sens matériel n'en existent pas moins à des degrés divers. Il s'agit d'abord des constantes structurales des atomes et des molécules, immédiatement

1. *O. C.*, « Le coup de dés », p. 464.
2. J. Hyppolite, *article cité*, p. 879-882.
3. Emile Boutroux, *De l'idée de loi naturelle*, Cours de 1892-93, Paris, Vrin, 1949, p. 54.
4. E. Boutroux, *De la contingence des lois de la nature*, Paris, Alcan, édition de 1895, pp., 75, 95, 169, 170, etc.
5. Mallarmé, *O. C.*, p. 854.
6. E. Boutroux, *op. cit.*, p. 158 et p. 167.
7. *Ibid.*, p. 166-167.

absorbées, il est vrai, dans des ensembles où règne la détermination mécanique de proche en proche[1]. Pourtant, il y a du jeu dans tout étant, un écart entre ce qu'il est extérieurement et ce qu'il est en dedans, cet idéal particulier dont parle E. Boutroux, idéal qui doit être réalisé en extériorité. Cet idéal interne, ce que l'étant est en soi et par soi, est l'autonomie de l'étant matériel, autonomie qui s'accomplit en un double mouvement de retour à soi et d'expansion hors de soi. Ce mouvement de l'autonomie de l'étant constitue les prémisses des «respirations» et souffles ancestraux chers à Igitur. L'on voit aussi, déjà, comment une telle autonomie de l'intériorité et de l'aséité de l'étant naturel peut fonder l'autonomie de la pratique humaine et l'éthique elle-même. Boutroux a donc bien pu, sinon donner, du moins aider à penser plus clairement tant la conception hasardeuse d'un ordre improbable que celle d'une intériorité idéale de la matière. Enfin, le philosophe montre bien que dans les degrés de l'être, les «escaliers» mallarméens, le degré supérieur est contingent par rapport au degré supérieur : «l'existence des degrés de l'être n'est donc pas nécessaire en droit»[2].

Reprenons, à l'issue de cette élaboration de la pensée du divin, la chronologie de la «théiologie» de Mallarmé. Jusqu'en 1859 («Sa fosse est creusée», «Sa fosse est fermée», «La prison d'une mère»[3]) progresse l'ébranlement de la croyance en un Dieu-père qui ravit injustement et cruellement les mères et les sœurs. Après la révolte contre un tel Dieu, c'est l'abandon des pratiques et de la foi religieuses. Puis la négation athée s'exprime clairement. Du moment athée de Tournon (1865), date la lutte avec le «... méchant plumage terrassé heureusement, Dieu». Adile Ayda a bien montré comment le symbole de l'oiseau se transforme depuis l'image des anges que furent la mère et la sœur, en passant par l'archange à l'aile noire, envoyé d'un Dieu mauvais, jusqu'au méchant plumage, Dieu lui-même[4]. Mais, en juillet 1866, nouvelle et capitale lettre à l'ami Cazalis : «après avoir trouvé le Néant, j'ai trouvé le Beau... tu ne peux t'imaginer dans quelles

---

1. L'œuvre de R. Ruyer (*Néo-finalisme*, 1952 ; *La cybernétique et l'Origine de l'information*, 1967) propose une telle interprétation des structures physiques et biologiques. Nous l'avons discutée dans une perspective éthique et dialectique dans *L'homme et ses normes*, Université de Nantes, Collectif, 1982, Introduction, et Ethologie, ontologie, Ethique, Revue de l'Enseignement philosophique, avril-mai 1982.
2. E. Boutroux, *De la contingence...*, p. 133.
3. *O . C .*, p. 414.
4. A. Ayda, *Le drame intérieur de Mallarmé*, Librairie J. Corti, 1955, p. 117-120.

altitudes lucides je m'aventure»[1]. Et à Aubanel, ce même mois de juillet 1866 : «je suis mort et ressuscité avec la clef de pierreries de ma dernière cassette spirituelle... Il me faut vingt ans»[2]. Enfin, le 14 mai 1867, à Cazalis : «ma pensée s'est pensée et est arrivée à une conception pure... Je suis... une aptitude qu'a l'univers spirituel à se voir et à se développer à travers ce qui fut moi»[3]. De tels aveux semblent clairs : au néant, entendu comme absurdité originaire de la matière s'est substitué le néant nouvellement entendu, potentialité de l'être en devenir, s'actualisant en définitive dans le Moi pur du poète, ultime reflet et résumé de l'univers. Dans le conflit exégétique relatif à l'itinéraire de Mallarmé s'opposent, de façon exemplaire, l'interprétation de G. Michaud, représentative de l'opinion selon laquelle l'influence de Hegel fut déterminante jusqu'aux dernières œuvres du poète[4], et l'interprétation de Ch. Mauron, contestant radicalement cette appréciation[5]. Partant d'un postulat psychologique selon lequel l'œuvre ne peut qu'exprimer et parfois résoudre les conflits vécus du poète à travers un contenu esthétique dont la jouissance est universalisable – postulat de la sublimation par l'œuvre – Ch. Mauron montre que, même après 1869 (temps fort de l'influence de Hegel), psychologiquement, «... bien loin de s'atténuer, la crise s'aggrave et, par une suite de troubles psychiques et physiques dont Mallarmé donne des interprétations très différentes, s'achemine vers des idées de suicide...»[6]. G. Michaud, à l'inverse, part du postulat que certaines œuvres poétiques, à l'égal d'œuvres philosophiques, et au-delà de la névrose persistante de l'auteur, attestée par la continuité matérielle des «images obsédantes» et des «mythes personnels» (Mauron), ont la puissance d'exprimer aussi le sens de l'être. L'expression du sens de l'être obéit, ainsi qu'un objet intentionnel, à sa logique propre, métamorphosant un contenu matériel d'images vécues qui peut bien être permanent, «... quoi qu'en dise Ch. Mauron qui, en psychanalyste, ne voit chez Mallarmé que la continuité et la persistance des réseaux d'images et des figures mythiques.»[7]. A l'instar de G. Michaud, nous pensons que la question de l'Etre s'est transformée de façon autonome chez Mallarmé, et qu'elle a fait l'objet d'un

1. *Corr.*, I, p. 220.
2. *Ibid.*, I, p. 222.
3. *Ibid*, I, p. 240-241.
4. G. Michaud, *Mallarmé*, Paris, Hatier, 1971.
5. Ch. Mauron, *Des métaphores obsédantes au mythe personnel*, Paris, Corti, 1963.
6. Ch. Mauron, *Mallarmé par lui-même*, Paris, Le Seuil, 1964, p. 52.
7. G. Michaud, *op. cit.*, p. 63, note 1.

développement indéniable : affirmation théiste du sens, négation absurdiste de ce sens, synthèse, enfin, du sens et du non-sens en la pensée du jeu comme relation ontologique du sens et de l'absurde. Mais nous avons montré en quoi cette croyance probabiliste en un Jeu du Verbe constituant la totalité de l'étant en devenir est en même temps non-hégélienne. Si tout est jeu, écart et risque du sens dans le non-sens, la pensée poétique du monde est elle-même un jeu, un « beau risque » de la pensée. Il est « probable » que tout soit un, que le tout-un soit jeu. Le point dernier, le coup de dés poétique est « donc » *(igitur)* probablement l'ultime réplique d'un premier coup de dés divin. Car la forme langagière du jeu est elle-même issue du contenu naturel du monde. Toutes ces affirmations constituent ce qu'il faut nommer une herméneutique de la « croyance » – non de la « foi » religieuse – et ce sont les raisons d'une telle croyance herméneutique qu'il convient d'analyser d'avantage. Car, c'est par touches suggérées, dans l'humble forme d'un « peut-être », que l'essentiel est dit, à l'écart de tout savoir du monde : « rien n'aura eu lieu que le lieu, excepté, *peut-être*, une constellation »[1].

L'autobiographie adressée à Verlaine en 1885, à peu près vingt ans après le programme des vingt années, formulé en juillet 1866 dans la lettre à Aubanel, témoigne de la persistance indéfectible du projet de jeu littéraire du poète : « voilà plus de vingt ans, et malgré la perte de tant d'heures, je crois avec tristesse que j'ai bien fait... Quoi? C'est difficile à dire... L'explication orphique de la Terre, qui est le seul devoir du poète et le jeu littéraire par excellence »[2]. Cette phrase noue en un lien serré l'éthique du poète, son devoir et son objet : le jeu du monde à parfaire. Il nous paraît impossible sur la base des analyses qui précèdent de souscrire à l'interprétation ontologique de Sartre qui, s'il ne se rallie pas à l'analyse psychologique de Ch. Mauron, fige Mallarmé dans l'absurdisme. Si l'on peut lui donner raison d'affirmer que le poète a conçu sa vocation « comme un impératif catégorique »[3], s'il est vrai encore que « ... Mallarmé ne croit plus en Dieu »[4], il semble inadmissible d'affirmer que cette conviction « ... l'incite à postuler une métaphysique, c'est-à-dire une sorte de matérialisme analytique et vaguement spinoziste... »[5], selon lequel « rien n'existe que la matière, éternel clapotis de l'être, espace pareil à soi qu'il s'accroisse ou se

---

1. *O. C.*, p. 476, souligné par nous.
2. *O. C.*, p. 662-663.
3. J.-P. Sartre, *Préface aux Poésies de Mallarmé*, Gallimard, 1952, p. 6.
4. *Ibidem.*
5. *Ibid.*, p. 7.

nie»[1]. Selon Sartre, le poète aurait anticipé l'homme des philosophies de l'absurde : «au seuil de notre siècle, il l'annonce»[2]. Sartre ne projette-t-il pas là, commodément, sur les rapports de la nature et de l'homme chez Mallarmé, la relation de l'en soi absurde et du pour soi, seul donateur de sens? Et peut-il le faire autrement qu'en pratiquant l'économie de maint texte inassimilable à une telle interprétation absurdiste, en particulier de ceux relatifs aux liens du Verbe divin et du langage? Idéaliste, Mallarmé? Certes, mais un idéaliste pariant sur le jeu de l'Idée dans le monde, sur l'écart entre le Verbe joué et sa réalité aliénée : «gloire du long *désir, Idées*»[3].

II. L'HOMME COSMOMORPHE ET LE MONDE ANTHROPOMORPHE.

Nous devons, certes, refuser l'attribution à Mallarmé d'une croyance en un Dieu anthropocentré. Les textes du poète sont, là-dessus, irrécusables et la critique, unanime. Notre interprétation se veut bien moins convenue lorsqu'elle insiste sur un homme mallarméen cosmomorphe et, en ce sens, bien plus «romantique» qu'il n'est d'usage d'en convenir. La forme du dire poétique est ici l'imitation d'un contenu intra-mondain, d'une structure de jeu immanente à la nature. Cet effort d'expression qu'il nous a fallu mettre dans la matière et dans la vie, au chapitre précédent, évoque irrésistiblement tel poème de Rilke : «arbre qui *peut-être* pense au-dedans. Arbre qui se domine, se donnant lentement la forme qui élimine *les hasards* et les vents».[4]

Notre hypothèse, en tout cas, nous impose de confronter cette pensée du jeu du monde, de façon décisive, à celle d'un philosophe qui en fit l'objet d'un livre considérable. Eugène Fink demande : «à partir de quel trait du monde se détermine le caractère de jeu du jeu du monde.»[5]. Il répond à cette question en déterminant le monde comme «sans raison», lui qui est la raison de toutes les raisons; «sans fin», comprenant en lui-même toute finalité; «sans valeur», puisqu'il est au-delà de toute évaluation. Sans raison, sans fin ou but, sans valeur, est

1. *Ibid.*
2. *Ibid.*
3. *Prose,* O. C., p. 56.
4. R.-M. Rilke, *Poèmes français,* souligné par nous, cité par G. Bachelard, in *La poétique de l'espace,* Paris, PUF, p. 214.
5. E. Fink, *Le jeu comme symbole du monde,* trad. française, Paris, Ed. de Minuit, 1966. p. 234.

le jeu du monde qui se reflète à travers les jeux dans lesquels l'homme aménage un espace «libre» de raison, de fin, de valeur[1]. Comment penser que la source de tout sens puisse être non-sens, que le fondement de toute fin puisse être dépourvu de finalité, que le principe de toute évaluation ne comporte en soi nulle valeur? Cela signifie, peut-être, que le monde transcende absolument toute raison, fin et valeur données de façon intramondaine, dans les mondes de la nature et de l'histoire, qu'il ne faut ni naturaliser ni historiciser humainement le sens du monde? Nous ne saurions que souscrire à cette affirmation de la transcendance absolue du principe du monde; mais c'est l'interprétation absurdiste et nihiliste de la transcendance absolue du monde qui nous semble inacceptable en elle-même. Une telle hypothèse reviendrait à dire que l'on ne comprend en aucun sens ce qui est le fondement de toute compréhension. Nous n'avons pas le droit, il est vrai, de conférer à ce fondement la forme d'un savoir compréhensif, cela parce que la modalité finie de nos savoirs compréhensifs ne saurait sans dogmatisme être élevée de sa validité relative à l'extension de l'inconditionné. Mais le paradoxe herméneutique du monde est néanmoins qu'il se donne comme transcendance englobante dans la perspective humainement finie de la compréhension. C'est en effet encore dans la forme finie de certains discours humains – ceux des mythes, de la religion, de la poésie, de la philosophie – que le monde se donne et «apparaît» comme transcendance absolue.

Inacceptable en lui-même, l'absurdisme nihiliste selon lequel le monde est originairement non-sens semble aussi en contradiction avec le principe même de la phénoménologie auquel E. Fink se montre fortement attaché. Comment, en effet, le monde, qui est le corrélat noématique du discours humain, et plus généralement de la fonction symbolique, pourrait-il être dit «non-sens»? Comment l'être qui n'est connu qu'en tant que phénomène dans la compréhension – l'être comme sens – pourrait-il être absurde? Le «noème» est, dans la phénoménologie, l'unité transcendante du sens «visé» par la conscience. Ramener cette unité tantôt à une projection de l'intériorité psychologique ou sociale – la «matière» du vécu selon Husserl – tantôt à une projection des actes de visée transcendantale du sujet – les «noèses» pures de Husserl – revient à ruiner le fondement de la phénoménologie. La première réduction constitue l'empirisme, la différence entre la variante psychologiste et la variante sociologique important assez peu ici; tandis que la seconde réduction renvoie la

---

1. *Ibidem.*, p. 235-236.

phénoménologie à un idéalisme subjectif, dont Husserl, on le sait, a fait le reproche à Kant, incapable, selon lui, de « situer » véritablement le monde entre la transcendance de la chose en soi et l'immanence des états du moi psychologique ou du « nous » social. L'anthropocentrisme, qu'il soit empiriste ou transcendantal, ramène toujours le sens à l'homme. Husserl eut lui-même bien du mal à ne pas faire sombrer la réduction transcendantale dans le réductionnisme que représente le subjectivisme transcendantal dont le modèle, qui fut en même temps pour lui un repoussoir, était représenté par l'idéalisme kantien. Toute l'entreprise de Heidegger est précisément motivée, dès l'origine, par le souci de maintenir la transcendance du monde et d'éviter l'anthropocentrisme transcendantal, qu'il nomme « humanisme ». Se soucier de l'irréductible transcendance du monde était aussi, on l'a vu, le devoir de pensée de Mallarmé. Que le monde, en tant que totalité de ce qui est – l'étant – transcende toujours les sphères étroitement ontiques de l'étant-Dieu, de l'étant naturel et de l'étant humain, n'empêche cependant pas qu'il soit symbolisé à travers les discours relatifs à Dieu, à la nature et à l'homme, au jeux de l'homme, tout spécialement. Le symbolisme, dans la mesure où l'on abandonne sans regret aussi bien l'idée d'un discours scientifique et dogmatique du monde que le retrait dans une ignorance absolue de sa transcendance confinant au scepticisme, est pour le poète le chemin de reste, permettant de penser la transcendance mondaine par analogie avec celles qui « apparaissent » dans les trois domaines évoqués.

Or, la transcendance du divin étant non-sensible en elle-même, elle ne peut fournir d'*image* pour symboliser la transcendance du monde. Par suite, les images de la transcendance du divin n'ont pu s'alimenter qu'aux deux autres régions, ces sous-ensembles du monde que sont la nature et l'humain. Les primitifs et les anciens ont symbolisé de préférence la transcendance du monde en puisant dans les ressources infinies de l'univers naturel. Songeons à la puissance d'évocation de « l'arbre » du monde, du monde comme « organisme », grand vivant, du monde comme « femme » ou « mère », etc. Les classiques et les modernes ont symbolisé cette transcendance en prenant appui sur les images de l'homme : intelligence, volonté, puissance attribuées à Dieu, par analogie. Lorsque l'on perdait de vue la transcendance absolue visée par l'analogie, l'on réduisait par identité la transcendance mondaine à la nature (naturalisme) ou à l'homme (anthropocentrisme critiqué par Hegel et Mallarmé). Néanmoins, Mallarmé inscrit son entreprise de symbolisation de la transcendance du monde et de son origine divine dans une perspective anthropomorphe, non anthropocentrique. Le poète nous engage dans la voie qui fait comprendre l'absolu du monde par analogie avec ce que l'homme connaît le mieux : le soi humain. Or l'homme est essentiellement pour Mallarmé un étant dont l'être est de jouer librement, et de façon autonome. C'est donc des jeux de l'étant humain qu'il faut partir pour penser symboliquement le jeu intérieur aux phénomènes du monde. Car, si dans l'ordre de la connaissance – la *ratio cognoscendi* des philosophes – c'est le jeu humain qui fonde la connaissance du jeu mondain, dans l'ordre de l'être – *ratio essendi* – l'activité ludique humaine se comprend comme le terme du jeu mondain. Les différents jeux humains sont l'aboutissement lointain du jeu du monde, jeu unique réalisant l'unité originaire des jeux multiples joués par les hommes. Mallarmé retrouve ainsi l'interprétation cosmologique de F. Schlegel : «tous les jeux sacrés de l'art ne sont que de lointaines imitations du jeu sans fin du monde, cette œuvre d'art qui éternellement se donne forme»[1].

Anthropomorphe, puisqu'elle prend comme forme de manifestation et de réflexion du monde les jeux humains, l'ontologie du jeu n'est pas pour autant anthropocentriste, puisqu'il n'y s'agit nullement d'une projection macranthrope, allant de l'homme au monde. L'anthropomorphie de la pensée du jeu signifie seulement que c'est en partant des jeux humains que l'on peut comprendre le jeu mondain dont l'homme est un microcosme. La spécificité des jeux humains est d'être, en chacun de leurs modes, jeux d'imitation, *mimésis* des jeux du monde. Le jeu mimétique constitue l'être de l'homme; l'homme est l'étant dont l'être est imitation de la totalité des jeux mondains. La *mimésis* est à entendre, ici, non pas d'abord comme simulation de l'apparence ni même comme reflet ou copie passive de l'essence, mais comme imitation poïétique, impliquant le moment d'invention autonome du «muthos», selon la *Poétique* d'Aristote[2]. Si le jeu humain par excellence est celui de la mimésis, il suppose, dans la science comme dans la poésie, l'invention de modèles ou de normes[3].

Mallarmé a médité sur les conditions historiques successives permettant de penser l'homme comme ultime «résumé»[4] du

1. F. Schlegel, *Gespräch über die Poesie*, Ecrits de jeunesse, Ed. Minor, 1882, II, p. 364.

2. Selon Aristote, l'imitation est naturelle à l'homme et c'est elle qui distingue l'homme de l'animal (*Poétique*, 1448 b 5-7).

3. Nous rejoignons ici P. Ricœur dans sa *Métaphore vive*, vie étude, 4, modèle et métaphore et 5, vers le concept de «vérité métaphorique». Ed. du Seuil, Paris 1975.

4. *O . C .*, p. 429.

« théâtre »[1] mondain. Ce furent d'abord les mythes des civilisations archaïques et de Grèce ancienne ; puis la religion théocentrée du Moyen-Age jusqu'au xviiie siècle ; l'art, enfin, à l'époque contemporaine, après la royauté militaire de Théos, secondant celle des monarchies révolues : « quelque royauté de prestige militaire, suffisant naguère publiquement, a cessé ; et l'orthodoxie de nos élans secrets qui se perpétue, remise au clergé, souffre d'étiolement »[2]. Après les mystagogues et les prêtres qui sacralisaient le pouvoir politique en en faisant un « mime » de la puissance supra-mondaine, ce sont les artistes qui ont pour devoir, en un monde où l'athéisme domine, de faire communiquer, à travers l'œuvre qu'ils produisent, le peuple des démocraties et le cosmos sacré. Telle est la fin de ce que Mallarmé nomme « l'opération »[3] du poète et tel est le texte de la note énigmatique : « Opération – le héros dégage l'hymne (maternel) qui le crée et se restitue au Théâtre que c'était... »[4]. Trois termes sont en présence. Premièrement, « l'hymne », à savoir le chant divin du monde ; secondement, le « héros », soit le poète et son public, les humains qui, par la médiation du spectacle de l'œuvre, revivent, « miment » l'action. Troisième instance, médiatrice, celle de l'œuvre : l'opération. Cette opération est à la fois création d'un symbole (celui du jeu) mais aussi révélation du sens du monde, prétention à une certaine « vérité » mimétique. Le dégagement indique la suspension (se dégager de la référence extérieure commune), la production du symbole, et le dégagement comme libération ou révélation d'un sens intérieur au monde, « fixé »[5]. Comme l'hymne est l'histoire du monde dont le héros provient comme un enfant dernier-né, il est dit « maternel ». Le résultat de ce dégagement – rupture inventive et révélante – et de cette fixation symbolique dans l'œuvre, c'est que l'homme «... se restitue au Théâtre que c'était » ; en d'autres termes, il se « rend », se trouve ramené au jeu du monde qui l'a produit, s'enracine en pensée dans une origine qu'il est toujours tenté d'oublier : le monde. Mallarmé note ailleurs que le Théâtre du monde porte inscrit en lui, «... cette pièce écrite au folio du Ciel »[6] ; car, indique un autre passage, « lumineusement sur champ obscur, l'alphabet des astres, seul, ainsi, s'indique, ébauché ou interrompu ;

1. *Ibidem.*
2. *O. C., De même,* p. 395.
3. *O. C.,* p. 428.
4. *Ibidem.*
5. *O. C.,* Igitur : « l'infini est enfin fixé ».
6. *O. C.,* p. 294.

l'homme poursuit noir sur blanc»[1]. Après en avoir dégagé le sens, le poète réécrit donc le scénario cosmique. Il achève mimétiquement en une projection d'encre sur papier blanc, le jeu divin, projection des dés astraux sur Ciel obscur. De blanc sur noir à noir sur blanc, se répète en s'inversant le geste créateur.

L'important paraît, ici, l'identité du Théâtre et du héros; identité paradoxale puisque, communément, le héros se détache du Théâtre qui est seulement son décor. Or, le décor fournit alors le texte de l'action et le monde est aussi le metteur en scène. A travers l'hymne dégagé et humainement inscrit dans le langage, l'identité s'écrit : «l'équation suivante, que le Théâtre est le développement du héros ou héros le résumé du Théâtre»[2]. Si l'homme est le résumé du théâtre du monde, il peut, à coup sûr, prétendre en avoir connaissance. En conséquence, la pensée de l'être sera formée par l'homme sans qu'il coure en cela le risque de projeter son Soi sur l'Univers. A l'inverse, l'homme en tant que rejet des dés de la création, est le dernier projet du monde.

«Hamlet crayonné au théâtre» est sans doute l'œuvre dans laquelle Mallarmé livre de la façon la plus complète et la plus claire la spécificité humaine du jeu. Selon cet essai, Hamlet extériorise sur des planches le personnage unique de la tragédie humaine que chacun de nous porte en soi, sur un mode «... unique et occulte»[3]. L'Hamlet crayonné est à mettre en rapport avec les notes sur le Théâtre citées plus haut, car, assure le poète, c'est «... la pièce que je crois unique par excellence»[4]. C'est pourquoi le nom même d'Hamlet déclenche en chacun de nous un même effet d'angoisse, «... sur moi, sur toi qui le lis»[5]. Quel est donc le sujet d'Hamlet? C'est l'antagonisme entre l'être intime, interne et transcendant d'un chacun et les fatalités que le hasard impose à son existence. Quant à l'alternative d'Hamlet, «être ou ne pas être», Mallarmé l'interprète ainsi : «être», se lancer aléatoirement, combatif, contre la Fortune, afin d'en conformer la réalité tempétueuse à l'idéal de soi; ou «ne pas être», refuser ce jeu, s'abandonner passivement à la «mer de douleurs», selon les termes de l'Hamlet shakespearien[6].

1. *Ibid*, p. 370.
2. *Ibid*, p. 429.
3. *O. C.*, Hamlet crayonné, p. 299.
4. *Ibidem*.
5. *Ibidem*.
6. W. Shakespeare, *Hamlet*, trad. Hugo, Editions Rencontre; Paris, IV, p. 332 : «subir la fronde de la fortune... ou s'armer contre une mer de douleurs».

L'analyse de «L'Hamlet crayonné» met en valeur deux significations du «jeu». La pratique du jeu existentiel – être – est la conséquence obligée d'un «jeu» plus radical encore, celui de l'écart, de la non-coïncidence, en l'homme, de soi avec soi. Il est vrai que «... si l'homme joue, c'est parce qu'il y a du jeu dans l'être de l'homme»[1].

Dès lors, le «jeu joué», le jeu auquel on joue, est la conséquence d'un «jeu jouant», d'un écart ontologique que l'on choisit de chercher à combler, jeu d'un écart sans cesse renaissant. Si la formulation des deux formes de jeu relevées par J. Henriot convient bien à l'homme mallarméen, l'interprétation que cet auteur donne du rapport entre ce que nous avons nommé le «jeu jouant» (écart ontologique) et le «jeu joué» (le combat risqué d'Hamlet) ne nous semble pas adéquate. Selon J. Henriot, en effet, la pratique des jeux joués aurait pour fin de distraire l'homme du jeu comme écart ontologique. Suivant cet auteur, retrouvant ici Pascal, «par le jeu, l'homme se fuit»[2]. L'homme-Hamlet de Mallarmé, au contraire, en décidant de se lancer contre la Fortune, ne cherche pas à se fuir, mais à se trouver, à s'unir à soi. De la même manière, pour cet interprète, le jeu «s'oppose au sacré»[3], dans la mesure où il n'apparaît qu'au moment où meurt ce dernier. Or, pour l'homme-hamletien de Mallarmé, les jeux «divertissants» et «profanes» (la balançoire, les dés, les luttes, les mimes) sont, en fait, dérivés du jeu de l'existence que sacralise le poète. L'aléa, l'agon, l'ilinx, le mimicry[4] sont d'abord les risques, les combats, les vertiges et l'imitation que suscite un modèle transcendant auquel l'homme se rapporte à l'intérieur de soi. Avant même que de se livrer à ces distractions profanes, l'intériorité du soi humain doit se risquer dans l'extériorité de l'existence qui est la sienne, y effectuer un saut vertigineux, faire en sorte, enfin, que cette extériorité exprime mimétiquement son intériorité. Les jeux divertissants et profanes opèrent une diversion vis-à-vis de la forme transcendantale du jeu existentiel, au point que ce dernier, le plus souvent dissimulé, n'est plus nommé tel et que le nom de jeu ne s'attribue qu'à ces diversions, renforçant ainsi la dissimulation du jeu ontologique en en monopolisant l'appellation. Il en va de même des rapports entre le jeu et le sacré. Mallarmé a désigné cette «... clef de moi-même ou centre

---

1. J. Henriot, *Le Jeu*, Paris, PUF, 1969, p. 98.
2. *Ibidem*, p. 96.
3. J. Henriot, ouvrage cité, p. 96.
4. Classification de R. Caillois, *Les Jeux et les hommes*, Paris, Gallimard, 1958, édition revue et augmentée en 1967.

de moi-même où je me tiens comme une araignée sacrée »[1]. Si le sacré est la respectable et inviolable intériorité de l'être, au-delà de toute extériorisation et de toute exposition, le jeu est sacré en son principe, celui de la transcendance dans l'immanence du soi. Certes, le jeu exprime, et en ce sens, extériorise l'intériorité. Mais cette extériorisation est le contraire d'une aliénation par laquelle le soi intime se perdrait dans l'altérité. Le jeu est la *manifestation* du sacré et toute manifestation est l'apparition de l'être qui, par principe, transcende son apparition. Un jeu « bien » joué, de même qu'un « bon » joueur « montrent » un signe de ce qui dépasse infiniment toute exposition, de ce qui excède toute monstration. Toute manifestation, si l'on convient de réserver ce terme au procès ontologique de phénoménalisation de la transcendance, est, en ce sens, sacrée, à commencer, chez l'homme, par son expression langagière. Et si la poésie est «... le seul devoir du poète et le jeu littéraire par excellence »[2], c'est parce qu'elle retrouve en «... l'explication orphique de la Terre »[3] l'expression sacrée d'un soi de tout étant. En se référant expressément à Orphée, Mallarmé reprend l'intention sacralisante de la poésie, « point dernier » qui sacre la Terre en la comprenant dans le Tout du monde ; comme pour Orphée, il s'agit, aussi, de faire que le principe « lumineux » se subordonne le principe terrestre « obscur ». Les jeux divertissants et profanes de l'homme sont donc des façons de se détourner, en les « profanant » et les désacralisant, des jeux sacrés de l'existence, d'échapper en un lieu et en un temps limités au devoir de « jouer à soi », pour « jouer à autre chose ».

Comment penser le jeu du monde chez Mallarmé ? Telle est la question que nous cherchons à cerner plus précisément. Le postulat microcosmique de Mallarmé est-il « organique » comme on l'a soutenu ? « Mallarmé rêve le monde comme un organisme »[4]. Cette approche ne paraît pas suffisamment ludique. C'est à partir du jeu radical du soi humain que le jeu organique naturel semble devoir être pensé par le poète. L'organisme est l'expression extérieure d'une norme interne. Mais cette expression est toujours plus ou moins inadéquate. Par un constant retour à soi, l'organisme vise à réguler l'expression de cette norme qui oscille sans cesse autour de la « moyenne » représentant son expression quantifiée. Que cette

1. Mallarmé, *Correspondance*, I, p. 224-225.
2. Mallarmé, *O. C.*, p. 663.
3. *Ibidem.*
4. J.-P. Richard, *L'univers imaginaire de Mallarmé*, Paris, Le Seuil, 1961, p. 421.

expression soit celle d'une «forme anatomique» ou d'une activité, d'un mouvement «physiologique», elle est sans cesse normée par une réflexion auto-corrective. L'idée de jeu «jouant», de l'écart tout à la fois nécessaire à l'expression de soi et en même temps source de non-vérité, d'inadéquation de l'expression, est bien ce qui permet de penser aussi l'organicité. Cette réserve formulée, il demeure exact que le livre exprimant le jeu du monde expose «... le moule idéal des choses, comme la forme impérative de leur égalisation»[1], ainsi que l'écrit le même interprète. En tout étant s'établit, en effet, une relation dialectique analogue entre un «centre» d'indétermination par l'autre ou de détermination par soi, et un «pourtour» qui doit en être l'expression formelle, contingente en soi.

La structure de l'être, la loi de construction du rapport de l'étant à l'être, est bien celle que saisit J.-P. Richard dans toutes les figures symboliques de Mallarmé : «... leur nature à la fois discontinue et concentrique,... leur aptitude à redisposer en elles un réel brisé tout autour d'un foyer intime et à faire ensuite vibrer, refluer vers le dehors, l'écho harmonieux de cette intimité»[2]. Paul Claudel, dont on a pu écrire que «... moins frileux, moins critique, moins conscient des périls (il) s'est aventuré jusqu'au bout dans une quête du système du monde que Mallarmé entrevoyait pour l'avenir...»[3], retrouvera ces «... deux états ordinaires de la matière, suivant qu'elle s'établit ou maintient son équilibre : efférence et vibration»[4], états de «co-naissance» de soi et de l'autre. A qui veut abstraire, à nouveau, la «métaphysique incluse et latente»[5] en la pensée du poète, c'est le concept de double réflexion qui s'offre. Tout étant est réflexion en soi, brisure et rupture de ce qu'il est par et dans l'autre, mais cette intériorité sacrée[6] est aussi manque d'être. L'autonomie est sa loi. Elle doit produire une forme qui la réfléchit extérieurement : «la loi de la compréhension, ce sera, ici encore, le *va-et-vient*»[7].

Voici atteinte la structure de toutes les formes du jeu : l'*ilinx*. Le sens le plus général de ce terme grec est «tournoiement». Le radical «il» se retrouve dans les mots indiquant un *mouvement* circulaire, un roulement, un va-et-vient. Le terme convient donc parfaitement au jeu

1. *Ibidem.*
2. *Ibidem*, p. 423.
3. G. Gadoffre, Préface à l'*Art Poétique*, Gallimard, 1984, p. 28.
4. P. Claudel, *Art Poétique*, Gallimard, 1984, p. 73.
5. Mallarmé, Sur Poe, *O. C.*, p. 872.
6. Claudel parle aussi de «cette vibration créatrice, du sacré frisson primordial» (*Ibidem*, p. 83).
7. J.-P. Richard, *op. cit.*, p. 421.

jouant dans l'être, puisque celui-ci se constitue dans le mouvement circulaire de la réflexion. L'image qui le symbolise est celle du retour en soi et de l'aller en dehors de soi, alternant indéfiniment. Symbole du jeu comme différence ontologique interne, l'ilinx donne un autre sens à cette expérience : celle du trouble, du bouleversement, plus précisément du « vertige » qui est l'effet de cette expérience sur le sujet. L'ilinx est donc à la fois le mouvement de la double réflexion et l'*affection* qui en résulte : tournoiement et vertige. Dans la classification des jeux proposée par R. Caillois, l'ilinx a aussi un statut privilégié. On le retrouve d'une certaine manière dans tous les autres jeux : agon, aléa, mimicry, et ilinx en un sens plus étroit. Caillois distingue donc quatre grands groupes de jeux fondamentaux auxquels l'homme se livre. D'abord, l'*agon*, qui représente tous les jeux de compétition, de lutte, de combat. Ensuite l'*aléa*, jeux de chance, loterie, dés, jeux de hasard. Puis *mimicry*, représentant le groupe des jeux d'imitation, de simulation, de théâtre et de déguisement. Enfin le groupe des jeux d'*ilinx* au sens étroit du terme : balançoire, escalade, plongée, sauts, glissades, rondes, danses. Mais R. Caillois, dont l'analyse est d'ordre sociologique et psychologique, ne cherche pas la raison d'*être* unique de tous ces jeux.

L'ilinx n'est-il pas l'écart ontologique « tournoyant » que les jeux particuliers cherchent à combler ? N'est-il pas, à l'origine du monde, le saut créateur, le plongeon divin du haut du promontoire douloureux, d'un infini claustral où le tout en puissance est encore indistinct ? L'auto-différenciation et la dispersion dans l'espace et le temps de cette infinité, sachant alors ses différences, sont risquées. D'où l'aléa du jet des dés. Ensuite vient le combat, l'agon de tout étant pour inscrire en l'extériorité la trace figurant son intériorité réfléchie, essence d'une forme, ou mieux, d'une figure, d'un visage expressif de soi. Il s'ensuit que toute partie est « pars totalis », imite le jet de soi pour revenir en soi. Le retour en soi de l'ilinx divin, verbe vertigineux, s'opère en l'homme qui, par son langage, reproduit la totalité du monde, s'instituant « cosmomime ». Ainsi, chaque étant, molécule, organisme, humanité, relance les dés jusqu'à ce que, sans doute, la dérive des galaxies dans un univers en expansion finisse, avec la croissance de l'entropie, par empêcher tout nouveau gain. Le jeu du monde qui est aussi le jeu du temps orienté aura pris fin : « le temps est un enfant qui s'amuse ; il joue au tric-trac. A l'enfant la royauté »[1].

---

1. Héraclite, Fragment 52, in *Les Présocratiques,* édition établie par J.-P. Dumont, Gallimard, La Pléiade, 1988, p. 158.

La terminologie du «vertige» à laquelle s'en tient R. Caillois semble trop étroite. Il nous paraît préférable de traduire «ilinx» par «tournoiement», ou mieux : «balance». Le vertige n'est qu'un moment du sentiment animant les jeux où l'on passe, par balancement, d'une position assurée à une autre qui ne l'est pas, avec un retour à la première, de haut en bas, aussi bien que de bas en haut : balançoire, escalade, plongée... Le vertige affecte celui qui se lance, à la manière d'un sentiment du possible. Possible est la position de non-retour à la position de départ. L'inquiétude contenue dans le sentiment de vertige a, certes, un effet d'émotion psychophysiologique mais nous pensons qu'il a pour tout étant son origine ontologique dans le sentiment du soi qui risque de se perdre en se balançant ainsi dans l'espace mondain de l'altérité. Sa «balance» contient donc, au fond, un *aléa*. Cette inquiétude fait aussi le contenu existentiel du temps par opposition à la forme objective du temps qui est le simple nombre du mouvement réel. Ce nombre est constitué par la répétition d'un présent que matérialise, selon Igitur, le mouvement de balancier de l'horloge : «j'ai toujours vécu mon âme fixée sur l'horloge... L'horloge me fait souvent grand bien»[1]. La connaissance et la valeur du temps sont liées à l'horloge : «les horloges dont on use, la valeur qu'on leur attribue : ici se cachent des aperçus essentiels sur le sentiment et la conscience du temps dont sont animés, au fond de leur être, hommes et peuples»[2]. L'apaisement que le mouvement de balance de l'horloge apporte à Igitur peut aisément s'expliquer. L'inquiétude du mouvement de la balance à peine provoquée par son départ est aussitôt supprimée. Le retour du balancier y est en effet mécaniquement *nécessaire*. Continuité de la présence, négation niée de la discontinuité qu'est le départ, tel est le retour apaisant de la balance d'horlogerie. La discontinuité – l'écart inquiet – est entièrement dominée par la continuité de l'Un qu'elle sert à produire. Dans le même sens, Leibniz note que «l'on appelle *Unruhe* en allemand, c'est-à-dire *inquiétude*, le balancier d'une horloge»[3]. Le philosophe compare cette inquiétude à celle du corps humain sans cesse sollicité par le dehors, sans cesse altéré, et tendant toujours à revenir à son état d'équilibre primitif, celui d'une âme ou d'un soi bien «exprimé» par ce corps. Le corps est ainsi l'enjeu d'une lutte entre deux puissances : celle de l'intériorité réfléchie du Soi qui tend à s'exprimer en lui et celle de l'extérieur qui tend à le faire dépendre

---

1. Igitur, *O. C.*, p. 439-440
2. E. Jünger, *Essai sur l'homme et le temps*, Paris, Ed. Bourgois, 1970, p. 363.
3. Leibniz, *Nouveaux Essais*, II, ch. 20, §6. Ed. Garnier Flammarion, p. 141.

d'un Autre que le Soi : «ce qui produit un combat perpétuel, qui fait pour ainsi dire l'*inquiétude* de notre horloge, de sorte que cette appellation est assez à mon gré»[1]. Ainsi, tandis que l'inquiétude du temps physique et de l'horloge qui la matérialise est toute «formelle», seule la balance du Soi contient un risque (aléa) et un combat (agon) véritables, la continuité nécessaire du retour répétitif d'un présent sur lui-même n'y étant nullement assurée. Lorsqu'Igitur renonce courageusement à conserver ses yeux fixés sur l'horloge, cette horloge qui matérialise la forme indéfinie d'un présent réitéré, lorsqu'il lance les dés de la création poétique avec l'espoir inquiet d'y retrouver son soi, alors seulement, écrit Mallarmé, «il se sépare du temps indéfini et il est!»[2]

Le privilège ontologique du jeu de la balance – «tournoiement» et «vertige» – fournit une hypothèse relative à la constance de l'image du triangle dans le symbolisme cosmologique de Mallarmé. Selon cette hypothèse, le triangle serait le «schème», la loi de construction des grandes images exprimant les étants mondains. Au sommet se trouve l'image du cornet projettant les atomes de la création en un coup de dés «lancé dans des circonstances éternelles»[3]. Or le cône, figure géométrique du cornet, est engendré par la rotation du triangle autour de l'axe formé par son grand côté. Ensuite se présente l'image de l'étant naturel, luttant contre la «mer» du hasard, de l'altérité rencontrée comme obstacle : c'est le triangle de «... la voile alternative... de l'un à l'autre bord»[4]. Une troisième image s'offre, alors, celle du «... roc, faux manoir»[5] qui correspond dans «Le coup de dés» au château d'Igitur avec ses tours coniques et ses toits triangulaires, sous lesquels le poète habite la «chambre du temps»[6], avec ses escaliers déroulant, dans les parois d'un nouveau cône, «la spirale vertigineuse conséquente»[7].

Nouvelle image triangulaire : «l'encrier, cristal, comme une conscience, avec sa goutte, au fond, de ténèbres...»[8].

Ultime image du triangle, celle du rejet mimétique des dés par le poète, constellations risquées par la pensée destinée à l'aveugle humanité : «comme je voudrais que, parmi l'obscurité qui court sur

1. *Ibidem*.
2. Igitur, *O. C,* p. 440.
3. Un coup de dés, *O. C.*, p. 459.
4. *Ibid.*, p. 461.
5. *Ibidem.*, p. 471
6. *Igitur*, I, *Le Minuit*, O. C., p. 435.
7. Igitur, *O. C.*, p. 437.
8. L'Action restreinte, *Ibid.*, p. 370.

l'aveugle troupeau, aussi des points de clarté, telle pensée tout à l'heure, se fixassent»[1].

L'ensemble du schématisme du triangle est résumé dans cette phrase énigmatique : «le cornet est la Corne de licorne – d'unicorne»[2]. Le cornet à dés, figure de la création divine des atomes et des constellations, alphabet astral que l'homme «... poursuit noir sur blanc»[3], est assimilé au symbolisme de la corne de licorne. Or, l'on sait que «la licorne est un symbole de puissance qu'exprime sa corne mais aussi de faste et de pureté»[4], propriétés indiquées par sa couleur blanche.

Une même corne («unicorne» de Mallarmé) unirait ainsi la puissance active, masculine, et la puissance passive, féminine, de la vierge et pure fécondité. La pointe de la corne, considérée en sa surface extérieure, offerte à l'empoignade et au secouement, permet de jetter la semence atomique du monde. Inversement, le creux de la corne, de forme utérine, est l'image de la fécondité réceptive. Spontanéité active et réceptivité passive s'uniront donc dans l'unique corne selon que l'interprétation y prend en compte l'extériorité ou l'intériorité de sa surface.

Non développée comme telle par Mallarmé, une spéculation sur le triangle divin exista dans les travaux de jeunesse de Hegel[5]. Cette méditation hégélienne permet de comprendre comment «trois» peuvent faire «quatre», comment le triangle divin engendre le quadrilatère mondain. Le carré est, en termes spinozistes, la forme de la nature «naturée», le triangle celle de la nature «naturante», ou, ainsi que l'exprime un commentateur : «le carré est uniquement la loi de la natura naturata; la natura naturans est l'esprit absolu du tout...»[6]. Le triangle hégélien forme un carré dans son mouvement; ce n'est pas un carré en repos, mais un «carré inquiet»[7] qui anime le mouvement du triangle vers un retour à soi. Le carré «en repos» de la totalité est construit seulement lorsque le mouvement du monde est arrêté ou quand, dans les termes d'Igitur, «l'infini est enfin fixé»[8]. De la sorte,

---

1. Variations sur un sujet, *O. C.*, p. 359.
2. Igitur, *O. C.*, p. 441.
3. *O. C.*, p. 370.
4. *Dictionnaire des Symboles*, Paris, Ed. Laffont, 1982, p. 568.
5. H.-S. Harris, *Le développement de Hegel*, tome II, Lausanne, L'Age d'homme, p. 181 et sv. Manuscrit perdu du début de la période d'Iéna (1800-1802).
6. *Ibidem*, p. 183.
7. *Ibid*, p. 185.
8. Igitur, *O. C.*, p. 442

est mis en lumière le primat de l'esprit sur la nature : le triangle de l'esprit infini est l'origine du mouvement inquiet de la balance et le triangle de l'esprit fini est le terme de ce mouvement.

La référence à ces spéculations hégéliennes est ici d'autant plus précieuse que Hegel, à cette époque, pense Dieu comme «amour», «désir» de se connaître dans un Autre[1], manquant d'un savoir immédiat de soi en tant qu'infini. Dieu, ce que Mallarmé nomme le Verbe, est l'unité originaire et non distincte du concept et du réel, c'est bien pourquoi il ne se conçoit pas lui-même en un savoir séparé. Ainsi « le nom qui se rapporte à lui comme effort inexprimé vers l'expression, comme un mystère, qui ne peut jamais s'exprimer lui-même parfaitement est "Amour"»[2]. La contradiction dialectique présente en l'infini originaire est donc qu'il est indéfini, privé d'un savoir distinct de soi-même, d'une connaissance exprimée qui serait son «dit»[3]. L'univers en totalité est cette expression de soi de l'infini. Si Dieu est en lui-même, comme Eternité, un infini non défini, puisque privé du savoir de soi auquel il tend, il devient, en dehors de lui-même, comme nature d'abord et esprit fini ensuite, expression finie de l'infini. Mais, gagnant en l'homme la forme finie du savoir qui lui manquait et qui le faisait in-défini, il perd l'être de l'unité originaire qui était son infinité. En d'autres termes, le savoir fini de l'infini est une intelligibilité de l'infini intra-mondaine qui manque nécessairement ce que l'infini est en lui-même. De même que l'infini manque d'un savoir de soi (de la forme finie du savoir), de même, le savoir fini manque d'être infini (de coïncider avec le contenu de l'infini originaire) : il est vrai que l'esprit fini connaît, mais il connaît l'objet d'une réalité *séparée* de la pensée. En se gagnant dans la forme du savoir, l'infini ne coïncide donc plus avec le contenu de son être originaire. Ou bien il est, mais sans se savoir, ou bien il se sait, mais il se sait comme fini, dans sa séparation entre le concept et le réel. Le savoir, dans sa finitude, a en effet la structure d'écart du *jeu*. Il est à la fois l' écart entre le concept idéel et l'intuition réelle, et la réduction relative de cet écart par la «construction» des concepts dans l'intuition, «réflexion» mimétique de la pensée dans le réel. La séparation de l'idée et du réel, l'idée comme ce que le réel «doit-être», telle est la finitude. Elle est aussi temporalité.

L'infini originaire est, au contraire, immédiatement et éternellement coïncidence entre sa pensée et sa réalité. C'est pourquoi

1. Harris, *op. cit.*, p. 187
2. *Ibid*, p. 186
3. *Ibidem*, p. 187.

il n'est pas savoir ou conscience de soi, tout savoir supposant le jeu ou l'écart interne à la finitude. Cette finitude est néanmoins finitude de cet être originaire et non pas de notre seul savoir. Puisque la finitude comme différence ontologique est celle de cet être, il reste à justifier la position de cet être originaire en dehors du savoir qui ne porte que sur le fini. Ceci ne peut se faire qu'à condition de distinguer connaissance et savoir au sens strict. Une «connaissance» de l'être originaire infini doit être possible qui ne soit pas «savoir» : par connaissance, il faut entendre non plus le savoir qui s'unit à une réalité extérieure dans le jeu, mais une unité de la pensée et de sa réalité intérieure, unité antérieure à leur divison en un savoir et *motivant* la division. Seule une telle expérience, pourrait être, en l'homme, la mimésis, la re-connaissance de l'infini originaire enveloppé en soi. L'homme peut-il, comme «partie» de l'univers, faire l'expérience intra-mondaine d'une telle unité originaire? La réponse semble affirmative pour Mallarmé qui, en tant que poète, n'atteint pas l'Idée originaire de l'Univers par la réflexion purement conceptuelle, par un «savoir» au sens strict, ni par une extase mystique rejoignant cette Unité par-delà la condition humaine mais par la «sensation» d'une unité originaire humaine du concept et de la réalité de l'*image*. Sans doute ne s'agit-il pas là d'une expérience mystique qui impliquerait en elle-même une extase, c'est-à-dire une sortie hors de la condition humaine finie. Mallarmé refuse donc tout autant le savoir dogmatique que l'extase mystique comme modes de connaissance de l'infini originaire. Il s'agit d'un état d'unité *en l'homme* de la pensée et du réel. Cet état d'unité vécu par tout homme, le poète le retrouve et l'exprime. L'un des exemples qu'en donne Mallarmé est celui de la «sensation du néant» : avant que d'être abstrait comme pur concept séparé de la réalité, le néant est donc senti, vécu comme «sens» inséparable d'une «image», celle du «vide», et en cette unité, l'esprit humain s'affecte lui-même, en un sentiment qui est «l'horreur» : «je suis arrivé à l'Idée de l'Univers par la seule sensation et... par exemple, pour garder une notion ineffaçable du Néant pur, j'ai dû imposer à mon cerveau la sensation du vide absolu. Le miroir qui m'a réfléchi l'Etre a été, le plus souvent, l'Horreur, et vous devinez si j'expie cruellement ce diamant des Nuits innommées»[1].

Tous les termes de ce passage sont importants, car, non seulement ils indiquent qu'il y a en l'homme une unité originaire du concept et de

---

1. Lettre à Villiers de L'Isle-Adam, du 24 septembre 1867, *Correspondance*, I, p. 259.

l'image (du concept de néant et du vide par exemple), mais que cette unité affecte émotionnellement l'esprit. Mallarmé nomme cette auto-affection, dans l'unité prise comme exemple : « horreur ». Cette horreur, plus généralement cette « douleur », ne tient pas au contenu particulier de telle ou telle image conceptuelle mais à l'indistinction, à la confusion de l'esprit en cet état. Cette affection est donc immédiatement aussi l'envers passif d'une affection comme désir de supprimer la douleur en séparant le concept de l'image. Il semble que nous ayons là le modèle d'expérience humaine originaire qui, en motivant la « volonté » de séparation et, donc, de jeu en l'homme, est un type de connaissance pouvant être transposée (en dehors de tout savoir comme de toute extase) par analogie mimétique à « l'état » de l'unité infinie originaire.

L'exigence de séparation, de scission en soi-même, puis de re-constitution synthétique (le savoir) de l'unité, est motivée par l'auto-affection originaire qui est l'horreur de soi (de l'unité syncrétique originaire qu'est le soi) et l'amour de soi (désir du jeu de l'analyse et de la synthèse de soi). De même que nous ne pouvons pas obtenir de « savoir » de notre unité originaire, de même nous ne pouvons obtenir de savoir de l'Unité originaire de l'Univers. Néanmoins, nous comprenons à présent pourquoi nous pouvons, seulement par simple réflexion analogique, nommer le Verbe ou l'infini originaire : « amour ». « Amour est un nom compréhensible de Dieu, parce que nous en avons tous l'expérience »[1]. Comprenons que cet amour est « amour de soi », amour indissociable de l'autre aspect de l'auto-affection originaire : l'horreur, la douleur ou la peur de l'indistinction à l'intérieur de soi. Transposé à l'origine du monde, cet amour est la source du mouvement séparant et unifiant du jeu dans la nature comme en l'esprit. Il est le désir de séparer l'idée du réel, pour que l'idée s'unisse au réel en le dominant. Cet amour qui « mène le monde » peut être dit « désir d'expression de soi ». Ce que désire l'infini divin, c'est s'exprimer, faire du réel l'expression réfléchie du soi idéel. Nous retrouvons la pensée selon laquelle, si le « vouloir-dire » humain est la raison de connaître « le désir d'expression » infinie, c'est bien celui-ci qui en est la raison d'être. Cet amour que nous nous portons à nous-même est ainsi, comme l'écrivait Spinoza, « une partie de l'amour infini dont Dieu s'aime lui-même »[2].

1. H.-S. Harris, *ouvrage cité*, p. 186. Hegel, cependant, se réfère à Jean.
2. Spinoza, *Ethique*, Cinquième Partie, Prop. 36. Si la formule spinoziste s'applique ici, elle n'a pas un contenu spinoziste. Il n'y a pas, dans le Dieu de

Nous comprenons mieux pourquoi Mallarmé refuse Dieu pour le Verbe divin. Si, par Dieu, l'on entend une intelligence et une volonté distinctes et séparées de ce qu'elles entendent et veulent, l'on attribue alors à Dieu les propriétés de la finitude humaine en son état d'achèvement. Dans la perspective anthropocentrée de la théologie que refuse Mallarmé, Dieu a une connaissance et volonté du monde séparées et extérieures vis-à-vis de ce monde; le monde est pour lui un objet de savoir et de volonté exactement comme un objet est objet de savoir et de volonté conscients en l'homme. Or, c'est là attribuer à Dieu la finitude achevée de l'homme. C'est, comme on l'a écrit «... la comédie du jeu de Dieu avec lui-même»[1], puisqu'il n'y a alors pour fonder la création aucun manque, aucune souffrance, aucune douleur en Dieu. Il faut dire qu'à l'inverse, Mallarmé, à la manière de Boehme, «... veut comprendre le mystère de la création de l'univers comme une tragédie non seulement humaine mais aussi divine»[2].

L'expérience primitive, fondement de tout jeu, est donc celle d'un désir d'expression, d'un «désir» originairement non distinct de ce qu'il désire et souffrant de cette indistinction, de cette in-finité (non-distinction première). La différence entre l'horreur de l'indéfini en l'homme et «la peur qu' a d'elle-même autrement que comme conscience humaine la métaphysique et claustrale éternité»[3], ainsi que l'écrit le poète, est que la douleur du Verbe est l'auto-affection de l'identité originaire de l'idéalité et de la réalité du monde en totalité, tandis que la douleur pré-ludique, en l'homme, est celle de l'unité de la «partie» du monde qu'il est. Le Verbe est la douleur du monde, tandis que l'imagination ou le symbolisme originaire est la douleur de l'homme. Il n'est nullement naïf d'attribuer au Verbe la souffrance du monde puisqu'il contient en lui l'origine première de toutes les origines secondes, l'enveloppement primordial de tous les enveloppements intramondains. L'homme ne s'établit comme centre qu'en son achèvement d'intelligence et de volonté séparés puis réunis. L'anthropocentrisme est dans l'attribution de ces moments au Verbe et c'est pourquoi il est illégitime. L'anthropomorphisme, attribution au Verbe de la forme enveloppée dans la matière du monde, demeure légitime. L'homme n'est pas la douleur aimante du monde, il n'est que

---

Spinoza, cet effort douloureux d'expression que Mallarmé attribue au Verbe par analogie du fini à l'infini originaire.

1. N. Berdiaeff, *Etudes sur Boehme*, Ungrund et liberté, Préface à la traduction de «Mysterium Magnum», Paris, Aubier, p. 14.
2. N. Berdiaeff, *Ibidem*.
3. Mallarmé, *Catholicisme*, O. C., p. 391.

sa propre douleur, mais le Verbe, enveloppement du monde, est douleur de tous les enveloppements. En cet état primitif, Mallarmé pose l'unité de la pensée et du corps, réalité imageante originaire en l'homme : «il faut penser de tout son corps, ce qui donne une pensée pleine et à l'unisson, comme ces cordes du violon vibrant immédiatement avec sa boîte de bois creux»[1]. Retrouver la pensée unie indistinctement au corps comme la «corde de violon» à sa «boite», tel est le devoir du poète. Mallarmé évoque ce qui fait l'honneur moral de l'humanité dans un passage partiellement cité plus haut, et dont il faut reprendre l'ensemble en commentaire : «à notre race, cet honneur de prêter des entrailles à la peur qu'a d'elle-même, autrement que comme conscience humaine, la métaphysique et claustrale éternité, échut...»[2]. Sur la base de l'interprétation du Verbe comme désir de se savoir dans la séparation finie de soi avec soi, nous traduirons : à la race humaine est dévolu l'honneur d'attribuer sa propre peur d'elle-même − une peur qui prend aux entrailles et saisit tout le corps − à la peur qu'a de lui-même le Verbe originaire transcendant («métaphysique») et enfermé en soi («claustral»). Cette peur existe autrement que comme une projection illusoire de la conscience humaine. En d'autres termes, elle est réelle dans le Verbe, et pas seulement en notre réalité humaine. Ce texte est extrait d'un passage intitulé «Catholicisme». Mallarmé a vu dans le catholicisme l'attribution illusoire à Dieu des attributs de la *conscience humaine*, d'une conscience qui domine, de l'extérieur, la nature et l'homme, et pour laquelle la création de la nature et l'autonomie humaine ne sont qu'une comédie, dont Dieu au fond n'a nul besoin pour être défini et achevé. Les jeux du monde résulteront donc d'une tragédie présente dans le Verbe. Mallarmé installe la peur dans l'Absolu. Néanmoins, n'étant pas «mystique», il se refuse à identifier immédiatement notre expérience pré-consciente de la peur à une fusion avec l'Absolu. En ce sens, et malgré la proximité des termes, il n'est pas le poète lyrique dont Nietzsche écrivait : «en tant qu'artiste dionysiaque, il commence par s'identifier complètement à l'Unité primitive, à sa douleur et à sa contradiction; il reproduit ensuite cette image sous forme musicale»[3]. La douleur humaine primitive de l'identité sans distinction de soi avec

1. Mallarmé, *Lettre à Lefébure*, 17 mai 1867, *Corr.*, I, p. 249. De même N. Berdiaeff :«mon corps entre dans l'ensemble intégral de mon image...; je ne suis pas un esprit incorporel», *Métaphysique eschatologique*, Paris, Aubier, p. 79.
2. *Catholicisme*, O. C, p. 391.
3. F. Nietzsche, *L'Origine de la tragédie*, trad. G. Bianquis, Paris, 1970, Gallimard, p. 42.

soi ne reproduit qu'une partie de la totalité de la douleur du monde qui est dans le Verbe. Elle est donc déjà non définie (non sue) en son infinité (éternité non séparée). L'homme, et encore moins le poète, ne sort pas de sa limite pour s'égaler dans sa douleur première à la douleur du monde. Le poète qui construit ses symboles avec une intelligence séparée de sa propre douleur peut tout au plus faire de celle-ci un «symbole» fini, mimétique de la douleur métaphysique, claustrale et éternelle.

L'honneur de la race humaine est aussi, selon Mallarmé «d'expirer le gouffre en quelque ferme aboi dans les âges»[1] : notre honneur humain est donc d'exprimer «le gouffre» de la douleur du Verbe en quelque ferme cri, tout à la fois courageux et stable, à travers l'histoire. Or, ajoute Mallarmé, «malgré ce traitement céleste», en dépit de cette obligation qui nous est faite, cette race «... serait, non j'en ris, comme si de rien, ordinaire, indemne, vague»[2]. Il est donc impossible que, malgré les négations de Dieu – négations légitimes de l'athéisme – il ne reste rien du sentiment du divin, tout ceci «parce qu'il ne reste trace, à une minute de postérité – quand ne fleurit même pas la vie reconquise et native»[3]. La «minute de postérité» doit s'entendre ici, à la fois comme la minute du procès athée contre Dieu, et comme le bref moment qu'est le présent historique athée contemporain. Dans les deux sens, l'athéisme est réducteur : sa négation de Dieu élimine jusqu'au divin et, de plus, son «bref présent» se prétend illégitimement indépassable, se refusant à épanouir la fleur «native» du Verbe enveloppé.

Ainsi, partis d'un rapprochement entre l'image du triangle mallarméen et les méditations de Hegel sur le triangle divin, avons-nous été conduit à approfondir, aussi, l'idée hégélienne d'un Dieu-amour, désir de se savoir dans le fini, donnant à mieux entendre l'affirmation mallarméenne d'une «peur» de soi de la métaphysique et claustrale éternité, motivant le mouvement de la différence ontologique entre soi et soi, seule condition de ce savoir. La méditation hégélienne, avons-nous avancé, permet, de plus, de comprendre comment «trois» peuvent faire «quatre», comment le triangle divin peut engendrer le quadrilatère mondain. Selon Hegel, «Dieu le Père, dans son indépendance créatrice, est le premier triangle et non pas un côté de de celui-ci»[4]. En d'autres termes, si le Verbe originaire peut

---

1. Mallarmé, *Ibidem*, p. 391.
2. *Ibidem*.
3. *Ibidem*.
4. H.-S. Harris, *Le développement de Hegel*, éd. citée, II, p. 191, note.

être symbolisé par un triangle, ce dernier figurera non le *jeu*, écart et ouverture sur l'autre, mais la fermeture et la clôture de l'unité de l'idéel et du réel en soi. Unité absolue désignée par le triangle équilatéral mais non pas égalité indifférente et satisfaite (que symboliserait mieux le cercle) égalité «souffrant» de son enfermement dans le non-savoir de soi comme égalité. Triangle et non pas point, car, avant la manifestation de l'acte créateur, l'infini contient en puissance les trois moments constitutifs du monde : aléa créateur, agon alternatif, mimicry imitant ce qui précède. Tous trois sont présents : chute de haut en bas de la création, horizontalité de la nature, remontée de l'esprit connaissant vers le divin, les trois côtés égaux. Quadrilatère du monde : le Verbe, triangle équilatéral souffrant, peur claustrale, dispose du côté horizontal supérieur; le jet des dés, atomes de la création, est le côté gauche vertical; le côté inférieur horizontal est celui de l'agon de la nature; le côté droit, vertical, est le re-jet poétique des dés. Mallarmé n'oublie pas que trois et quatre font sept! Il est attaché aux constellations du septuor. Dans le «Sonnet en X», l'esprit ouvert à la transcendance du Verbe divin, «croisée au Nord vacante»[1], laisse se refléter «en le miroir»[2] de la pensée, «de scintillations sitôt le septuor»[3]. Septuor : ensemble de sept musiciens; mais aussi constellation d'étoiles à sept branches construites d'un carré (le quadrilatère mondain) superposé à un triangle figurant le divin. L'étoile à sept branches : «unissant le carré et le triangle, elle figure la lyre cosmique, la musique des sphères, l'harmonie du monde.»[4].

Le sens du quadrilatère schématisant le monde mallarméen s'est trouvé éclairé par un rapprochement suivi avec Hegel et ses méditations de jeunesse sur l'amour souffrant du triangle suprême. Nous n'hésiterons pas, non plus, à penser sa similitude, identité et différence, avec le quadriparti (*das Geviert*) du monde heideggerien. «Les quatre : la Terre et le Ciel, les Divins et les Mortels forment un tout à partir d'une unité originelle»[5], écrit le penseur. Au ciel heideggerien correspondrait le premier triangle hégélien, la «métaphysique et claustrale éternité» du poète; aux «divins», les jets créateurs de l'aléa; en correspondance avec la Terre serait l'agon essentiel à l'étant naturel; aux «mortels» reviendrait la mimésis

1. Mallarmé, Le sonnet en X, *O. C.,* p. 69.
2. *Ibidem.*
3. *Ibidem.*
4. *Dictionnaire des Symboles.* Paris, Ed. Laffont, 1982, p. 417.
5. Heidegger, *Essais et Conférences,* édit. citée., p. 176.

humaine. Heidegger ajoute que les mortels sont dans le quadriparti lorsqu'ils «habitent»[1]. L'habitation était affirmée du dire poétique qui, selon Mallarmé, «... doue d'authenticité notre séjour et constitue la seule tâche spirituelle»[2]. Mortels, les hommes le sont «pour soi» et non seulement «en soi ou pour nous», tels que le sont les animaux. Cette dénomination est accordée avec celle du savoir de soi, essence de la finitude humaine. Mais l'authenticité du séjour, dont le savoir exprimé est parole accomplie, est, tout comme chez Heidegger, de se référer à la transcendance de l'être, sans projeter en elle la structure anthropocentrée du savoir fini[3]. L'authenticité mallarméenne du séjour fini qualifie l'éthique en sa positivité, l'inauthenticité résidant en une vie non conforme à son essence. Inauthentique est, en effet, ce qui, dans sa réalité, ne se conforme pas à son être, n'est pas «vrai». Si l'essence, le «propre» de l'homme, est de viser et d'exprimer la transcendance absolue et originaire de l'être, le discours poétique qui dit une telle transcendance est la forme que prendra cette authenticité. L'habitat, éthos essentiel de l'homme, est la transcendance de l'être, du Verbe, que doit dire le poète. Mallarmé rejoint ainsi Hölderlin et son affirmation éthique : «l'homme habite en poète»[4].

Une dernière correspondance est constatable entre le monde du poète français et celui du penseur allemand. Celui-ci affirme que «chacun des quatre reflète à sa manière l'être des autres»[5]. Or chez Mallarmé, nous l'avons déjà établi, chaque mode du jeu contient de façon implicite les autres modes. Le jeu du «miroir» (Heidegger) que reproduit le jeu du «théâtre» humain (Mallarmé) est le jeu du monde : «ce qui fait paraître, le jeu de miroir de la simplicité de la terre et du ciel, des divins et des mortels, nous le nommons 'le monde'. Le monde est en tant qu'il joue ce jeu»[6]. L'habitat éthique d'un tel monde, comme jeu à respecter en chacun de ses aspects, est une position commune au poète et au penseur qui, cependant, ne doit pas faire oublier les différences. Ainsi que l'a fait remarquer G. Deleuze : «le poème de Mallarmé s'insère dans la vieille pensée métaphysique d'une dualité des mondes; le hasard est comme

1. *Ibidem.*, p. 177
2. Mallarmé, lettre du 27 juin 1884 à Léo d'Orfer, *Corr.*, II, p. 266.
3. Mallarmé nous semble d'ailleurs respecter d'avantage l'anthropomorphisme «subtil» et analogique que Heidegger, succombant finalement à la projection anthropocentrique, par sa thèse du «don» de l'Etre.
4. Hölderlin, cité et commenté par Heidegger, *Essais et Conférences*, p. 224 et sv.
5. Heidegger, *Essais et Conférences*, édit. citée, p. 213.
6. *Ibidem*, p. 214.

l'existence qui doit être niée, la nécessité comme le caractère de l'idée pure ou de l'essence éternelle»[1]. Il est vrai : cette dualité des mondes est «métaphysique» et, comme telle, Heidegger, l'aurait refusée. Il s'agit, néanmoins, d'une métaphysique non dogmatique, en ce sens que l'affirmation du Verbe éternel se jouant en créant atomes et constellations ne fait pas l'objet d'un savoir mais d'une connaissance réflexive dont la modalité est elle-même celle du jeu de la pensée, puisque «toute pensée émet un coup de dés». De la sorte, on la peut dire métaphysique «critique», fondée sur la seule façon plausible, pour l'homme, de penser le sens du monde, et, finalement, d'y croire. Cette croyance secrète, discrète et allusive, est pourtant bien présente dans l'œuvre, et s'offre comme l'objet d'une reconstruction explicitante, cheminant entre deux hypothèses exclues, celle de l'hégélianisme et celle de l'absurdisme sartrien. Une telle métaphysique, «incluse et latente»[2], va, comme le jugement kantien de réflexion, du particulier vers l'universel, à l'opposé du jugement déterminant constituant le savoir «scientifique» au sens propre du terme. En tant qu'il est la forme spécifique du jeu humain, tout savoir est mimésis, reproduction du réel par la pensée, jeu de l'imitation du réel dans le discours. Mais, tandis que le savoir d'objet re-produit une réalité extérieure sans poser en elle une quelconque intériorité; tandis qu'il limite la réalité visée aux données directes ou indirectes de la perception (l'intuition kantienne), l'interprétation vise la totalité illimitée unissant l'intériorité et l'extériorité des étants. Si le Verbe est désir de se savoir jouant, la vérité de cette «thèse» ne peut se fonder que sur le mode interprétatif de la poésie et non sur le mode positif de la science. Une interprétation de la totalité ne peut prétendre fonder sa «vérité» au regard d'interprétations concurrentes, à la manière des preuves scientifiques, et nous devrons, dans le chapitre suivant, nous interroger sur les raisons, sinon «objectivement» du moins réflexivement suffisantes, d'une vérité de l'interprétation. Il convient donc, ici, de s'élever de la particularité d'une motivation souffrante du jeu humain et de la structure d'écart du jeu «jouant», puis des jeux «joués», pour en étendre la loi de constitution à l'univers, pour prétendre à leur valeur anologiquement universelle de sens du monde. Un autre motif de refuser un Mallarmé «heideggerien» concerne le statut de la pensée rationnelle selon le poète. Mallarmé n'aurait pu souscrire à l'affirmation selon laquelle «la raison est l'ennemie la plus

---

1. G. Deleuze., *Nietzsche et la philosophie*, Paris, PUF, huitième édition, p. 38.
2. Mallarmé, Sur Poe, *O. C.*, p. 872.

acharnée de la pensée»[1], puisque le désir de se savoir dans une forme qui est celle de l'Idée rationnelle est «le long désir» engendrant le monde : «gloire du long désir, Idées»[2]. La raison est l'enjeu du risque pris par le Verbe aléatoire, par l'agon de la nature et par la mimésis humaine.

La «gloire» de l'Idée divine, unité indistincte et souffrante du concept et de la réalité n'est éclatante qu'au terme d'un drame tragique. Il s'agit bien là d'un «... jeu de l'amour avec soi-même»[3] entraînant «le sérieux, la douleur, la patience et le travail du négatif»[4]. La fin du poème «Un coup de dés» acquiert, dès lors, la portée d'une cosmogénèse s'achevant en «théiologie»[5]. La création «froide d'oubli et de désuétude»[6] n'est telle que pour un athéisme matérialiste ou pour une religion de l'âme séparée de la nature, comme tend à l'être le christianisme «théologique», n'admettant pas la souffrance du désir en Dieu. Dans la présente interprétation, le Verbe divin est d'abord «veillant»[7]. Cette expression ne peut s'entendre comme synonyme de «connaissant» ou de «lucidement savant» mais en son sens littéral de «garde», de «vigile» de l'unité enveloppée de l'Idée. Souffrance d'un savoir demeurant en puissance, dont le symbole féminin de la mère vierge est associé à celui du père dans l'unicorne de licorne : «la Mère qui nous pense et nous conçoit...»[8]. Le Verbe est, par la suite, souffrant et «doutant»[9], manquant, dans son intériorité vierge et «claustrale», de l'effectivité d'un savoir en acte, séparé de ce qu'il sait. En conséquence, il se fait «roulant»[10], se jetant avec les dés de la création, les atomes, les astres. Puis, il devient «brillant»[11], commençant à vaincre l'extériorité qu'il a séparée de son intériorité pour la dominer du dehors et la connaître dans des combats agoniques. Enfin, il est parvenu en l'homme, à l'état «méditant»[12], atteignant, au terme de

1. Heidegger, *Chemins qui ne mènent nulle part*, trad. Brokmeier, Paris, Gallimard, 1962, p. 219.
2. Mallarmé, Prose pour des Esseintes, *O. C.*, p. 56.
3. Hegel, *Phénoménologie de l'Esprit*, trad. J. Hyppolite, Paris, Aubier, 1949, I, p. 18. Il s'agit d'une allusion à une phrase de Novalis.
4. *Ibidem*, p. 18.
5. Cf. la distinction, reprise de Heidegger entre théologie (discours sur Dieu) et théiologie (discours sur le divin) établie plus haut.
6. Mallarmé, Un coup de dés, *O. C.*, p. 477.
7. *Ibidem*.
8. Mallarmé, Catholicisme, *O. C.*, p. 391.
9. Un coup de dés, p. 477.
10. *Ibidem*.
11. *Ibidem*.
12. *Ibidem*.

relances successives, son retour, se sachant en son autre, cet autre en lequel il peut «... s'arrêter à quelque point dernier qui le sacre».[1] Néanmoins, répétons-le au terme de cette analyse du jeu du monde, si toute pensée émet un coup de dés, la cosmomimésis n'est elle-même qu'une hypothèse herméneutique en direction d'un contenu de sens qui est «le plus probable» : «rien n'aura eu lieu que le lieu, excepté, peut-être, une constellation»[2]. Ayant écarté, pour les raisons que nous avons données, tout autant les certitudes de la foi que celles de l'union mystique et du savoir dogmatique, l'interprétation mallarméenne du jeu du monde mène néanmoins à une «croyance» dont nous allons devoir, dans la suite de l'analyse, tâcher de justifier la modalité. Rappelons, toutefois, que l'interprétation avait déjà chez Aristote le régime modal de ce qui est le plus «probable»[3]. La probabilité des thèses dialectiques est plus que la simple opinion contingente, mais elle est moins forte que la certitude apodictique de la science démonstrative. Cette probabilité est, d'ailleurs, dans le cas de l'herméneutique présente, «redoublée» : elle n'est pas seulement celle de la forme modale de la pensée – plus que le contingent, moins que le nécessaire – mais aussi celle du contenu de sens posé. Ce contenu de sens est en effet celui du jeu aléatoire du Verbe dont le gain, obtenu dans la pensée du poète, peut à nouveau se perdre. Une telle perte peut se produire dans «l'oubli de l'être», de ce devoir-être dont Igitur hérite de ses ancêtres, pour la plupart oublieux de leur mission, renonçant lâchement à l'impératif que choisit Hamlet face à l'alternative de l'existence. A cela s'ajoute le malentendu, lui aussi toujours possible, entre le poète jetant les dés de l'interprétation et son public qui l'écoute sans l'entendre. Cette possibilité de malentendu tient à la nature symbolique, polysémique, de l'expression poétique du sens de l'être. Nous le savons, c'est dans la forme secrète, discrète et allusive, du symbole, exigeant un travail de réflexion exégétique rationnelle, que Mallarmé «propose» le sens «possible» et selon lui «le plus probable» de l'univers. A l'instar d'Igitur lisant son devoir à ses ancêtres[4], Mallarmé, comme doit le faire tout poète léguant l'impératif éthique qu'il reçut, transmit le «relais» à un «fils». Il nomma le poète Saint-Pol-Roux son «fils», le 23 mars 1891, lors d'un banquet littéraire. Remarquablement, Saint-Pol explicite les allusions discrètes du père relatives au Verbe. Selon Saint-Pol, «le verbe qui

1. *Ibidem.*
2. Un coup de dés., *O. C.*, p. 476-477.
3. Aristote, *Les Topiques,* I, 1.
4. Igitur, *O. C.*, p. 433 : «Igitur, tout enfant, lit son devoir à ses ancêtres».

existe à l'état vierge dans le domaine ordinaire des hommes, attend de vivre dans le domaine poétique»[1]. Le «fils» reprend la distinction paternelle entre verbe et langage.

Au XIXᵉ siècle, l'échange des cultures et des civilisations diverses permet l'amorce d'un dialogue et d'une totalisation, produisant le recueil des fragments du Verbe dispersé dans le monde. D'où le programme poétique destiné, selon Saint-Pol-Roux, à l'usage des poètes nouveaux : «capter l'énergie verbale et la magnifier»[2]. Le terme d'énergie est une reprise de l'interprétation de Mallarmé selon laquelle, on l'a vu, il faut penser avec son corps, puisque la pensée est originairement enveloppée dans la sensibilité corporelle et que c'est cet enveloppement corporel qui explique l'affection douloureuse, la «claustrophobie» initiale de toute pensée. S'étant développé dans le temps, le Verbe s'est aussi divisé, en autant de points de vue sur le monde. Pour rompre le scepticisme esthétique, interprétant toute poésie comme poème de «circonstance», sans lien avec l'ensemble des autres, il faut se proposer une synthèse : «le verbe n'est-il pas capable d'une synthèse souveraine?»[3]. Il s'agit alors de composer la voix collective, l'unanime recollection des poèmes de l'humanité. Ce devoir est éthique en son objet. L'éthos, habitat de soi dans l'autre, y prend non seulement la forme d'une reconnaissance mimétique du Soi dans l'altérité de la nature, mais de la reconnaissance en l'autre homme d'une autre vue-perspective sur le même monde. Cette pensée du monde doit nécessairement, pour rompre l'indistinction originaire, se séparer du corps, ne plus «l'être» mais «l'avoir» et, du coup, le saisir comme point de vue sur un monde dont on se sépare, point de vue distinct des autres. La nécessité s'impose de recomposer l'unité du monde visée à travers la diversité des vues. Ainsi, la totalité divine originaire se reformera dans le milieu du discours humain, sur le mode d'être de sa *distinction développée*. Le divin, pense Saint-Pol-Roux, sera descendu en nous et nous serons sa remontée en lui. Chacun, au lieu d'être perdu, aliéné en l'Autre – le Verbe en une Nature où il a perdu au jeu de la balance, l'homme en un Dieu où il a projeté sa finitude humaine – se retrouverait près de soi. L'infini n'est vraiment tel qu'à être connu du sein du fini; l'homme n'est pleinement homme qu'en tant qu'il se reconnaît et, en ce sens, habite dans l'infini : «si nous parlions en commun, ... le Verbe-dieu viendrait parmi nous,

---

1. Saint-Pol-Roux, *Les traditions de l'avenir*, Rougerie, 1974, « A l'usage des poètes nouveaux », p. 75.
2. *Ibidem.*
3. *Ibidem*, p. 77.

mieux encore : nous serions lui qui serait nous. L'authentique symphonie, la voilà »[1]. Mais quelle est la valeur de vérité de cette connaissance poétique?

1. *Ibidem.*

Chapitre II

POÉSIE
ET
VÉRITÉ

i. Les trois phénoménologies.

Selon l'analyse développée dans le précédent chapitre, la poésie de Mallarmé contient, à l'état «discret», ce que la philosophie nomme une herméneutique du sens de l'être, interprétation déjouant méthodiquement l'alternative entre une intuition immédiate de ce sens, donnée dans la foi ou l'extase mystique, et un savoir se construisant sur le modèle de la science, tel le dogmatisme hégélien prenant le relais de ceux de Spinoza et de Leibniz. Dans cette perspective d'interprétation, le sens de l'être ne fait pas l'objet d'une simple hypothèse, portant sur la «possibilité» d'une signification déterminée de l'être, mais il implique une «croyance» en la vérité interprétée. Chez le poète, cette croyance est manifestement liée au thème de la «probabilité» et du «jeu aléatoire» de la pensée : la pensée interprétante «jette les dés» du discours en direction d'une «constellation» de sens qui existe «peut-être». Mais cette possibilité de sens du monde, comme jeu d'un verbe intérieur-extérieur, est davantage. Tout en pouvant être fausse, elle est la plus «probable». Et l'on sait qu'une grande probabilité entraîne une forme originale de «croyance». Celle-ci n'est pas la confiance en un sens qui serait donné dans l'intuition de Dieu ou la révélation de ses prophètes; ce n'est pas, non plus, la conviction qui provient de la certitude face à une évidence scientifique.

Toute la question qui se pose au philosophe est de savoir ce qui légitime le passage de la simple possibilité d'un sens en soi cohérent à l'affirmation de la vérité de ce sens. Plusieurs interprétations du monde semblent logiquement équivalentes en cohérence. Comment choisir entre elles? L'unique façon de fonder le passage de ces possibilités multiples au choix de l'une d'elles, estimée «vraie», serait de montrer que l'une seulement parmi les hypothèses compossibles est capable de conférer leur sens à la diversité des phénomènes dans le respect de la différence de leurs propriétés admises comme *vraies* par les sciences. Le respect de la *diversité* des propriétés reconnues comme vraies par les sciences à un moment donné de leur histoire, et susceptibles des rectifications possibles à l'avenir, est un premier critère de sélection des interprétations philosophiquement totalisantes possibles. Toutes les interprétations ne sont pas, déjà, à ce point de vue, équivalentes. Certaines témoignent d'une incomplétude du fait qu'elles ne prennent pas en compte telle ou telle vérité conforme au savoir du temps. Un second critère sélectif des hypothèses herméneutiques est celui de l'*unité* de la diversité des aspects du réel. Cette unité doit transcender, de quelque manière que ce soit, chaque unification sectoriale sans être empruntée aux catégories unifiantes d'une région. C'est donc le réductionnisme unitaire qui est ici à éviter. Réduction de l'unité du monde à celle d'une de ses parties ou à l'un de ses moments subordonnés : physicalisme, biologisme, sociologisme, historicisme, sont les formes diverses de non-respect de l'autonomie des propriétés du réel mises en évidence par d'autres sciences au bénéfice respectivement d'une réduction à des catégories physiques, biologiques, sociologiques ou historiques pourtant reconnues comme irréductibles par les épistémologies de ces disciplines.

C'est donc le double souci de la diversité – de la différence – et de l'unité des phénomènes – d'une identité non réduite analytiquement à celle d'un des éléments du divers à unifier – qui semble pouvoir fournir un clair critère d'évaluation comparée des hypothèses herméneutiques.

L'hypothèse mallarméenne, en premier lieu, assume avec rigueur ces deux soucis d'une herméneutique «critique», s'il est vrai qu'une ontologie critique comme celle de Kant présente en effet la caractéristique susdite de proposer un sens de l'être cheminant consciemment entre les deux tentatives (qui sont autant de tentations pour une herméneutique soucieuse de son autonomie) de l'intuition fidéo-mystique et du savoir dogmatico-théorique. Ces positions furent traversées, refusées, et dépassées par le poète. En second lieu, l'intérêt de l'hypothèse est de chercher à assumer la diversité des savoirs du temps : évolution, contingence des lois naturelles, principe de Clausius, probabilités mathématiques, anthropologie du jeu, et, nous le verrons bientôt, déclin de la fonction de légitimation du pouvoir politique par les religions traditionnelles. De plus, cette hypothèse est proposée comme un mouvement qui s'origine dans la particularité d'un aspect du réel, celui du *jeu humain*, non pas pour réduire le sens de

l'ensemble à cette signification particulière, mais pour penser par
« analogie » le sens de l'ensemble « comme » jeu. Le respect de
« l'analogie » observé dans la poésie symboliste de Mallarmé est un
moyen de poser l'unité du monde (un même rapport de « jeu » est
fondé dans tout étant), tout en conservant la différence des « termes »
particuliers de ce rapport dans leur spécificité. Par ce premier aspect,
déjà, le « jugement herméneutique » mallarméen se conforme au
« jugement de réflexion » kantien. La réflexion n'identifie pas
analytiquement ou synthétiquement une diversité d'objets particuliers
en les subsumant sous une signification dont on peut prouver le bien-
fondé, soit démonstrativement soit par construction d'une vérification
perceptible. L'hypothèse herméneutique est réflexive, en ceci que, si
elle vise bien un sens universel pour une particularité de propriétés,
elle ne peut remplir cette visée par des données implicatives,
déductives ou empiriques qui tendraient à la vérifier. La valeur de
crédibilité de l'hypothèse demeure bien sa capacité de respecter les
diverses vérités épistémologiques de l'époque, et son aptitude à fournir
un universel, tel celui de l'analogie qui suppose l'identité d'un genre
relationnel (ici le genre « jeu »), tout en conservant la différence
spécifique des termes ou des étants intra-mondains. Du coup, c'est le
second aspect du jugement de réflexion que l'on retrouve dans la visée
du jeu du monde. La réflexion admet, pour une part, sa relativité aux
données épistémologiques de l'époque ; elle ne peut que « proposer à
autrui », dans un dialogue historiquement auto-critique, sa propre
hypothèse.

Dira-t-on que les interprétations scientifiques, elles aussi, sont
proposées à la communauté historique des « travailleurs de la preuve »,
que, par suite, nulle différence essentielle ne permet de distinguer en
cela interprétation du monde et interprétation scientifique ? Il est
possible de faire valoir que c'est vers la valeur de vérifiabilité ou de
déductivité mathématique des nouvelles hypothèses qu'est orientée la
communauté historique savante, tandis que c'est vers la capacité de
compréhension transcendante de ces nouvelles hypothèses une fois
vérifiées que s'ouvre le dialogue cosmo-herméneutique. L'effort
herméneutique de la science se dirige vers le remplissement implicatif
(expérimental ou déductif) de nouvelles hypothèses. L'effort
herméneutique cosmologique suppose l'admission de la vérité de
nouvelles interprétations, il admet donc le remplissement adéquat de la
visée implicative. C'est quand le travail de la preuve a été produit que
l'interprétation probante doit être à nouveau interprétée dans un
« interprétant compréhensif » de second ordre. Comme interprétation

« sensée » d'interprétations objectivement « adéquates », toute hypothèse cosmologique ne peut, en ce sens, être infirmée que par de nouvelles interprétations implicatives incompatibles avec elle ou par d'autres interprétants « transcendants » plus compréhensifs. C'est sa capacité de subsumer la totalité des interprétations relatives à des implications de fait ou de théorème qui fait, repétons-le, la valeur d'une interprétation totale. L'interprétation objective, scientifique, est « déterminante » en ce sens qu'elle va de l'interprétant à ses implications adéquates, déductives ou expérimentales. Elle est orientée vers un « remplissement » adéquat de sa visée. L'interprétation cosmologique est « réfléchissante », puisqu'elle va de la multiplicité des concepts interprétants adéquats, vers l'hypothèse d'un interprétant qui les subsume adéquatement tout en les transcendant. Sa vérité ne peut donc être de l'ordre d'un remplissement implicatif adéquat. Ainsi, Kant a introduit une distinction entre « catégories » scientifiques (déterminantes) et Idées permettant de penser des significations transcendantes (âme, monde, Dieu) totalisant les premières, non susceptibles de « vérification » objective. C'est une quatrième Idée, l'Idée de liberté, qui donne son sens chez Kant à l'ensemble des autres. Or, l'Idée de liberté éthique est un concept inexponible dans l'intuition, n'étant pas déterminante. Réciproquement l'Idée esthétique est, selon le philosophe, une image qui symbolise une Idée rationnelle et qui, comme telle, excède les possibilités de la pensée déterminante[1]. Or, il est clair que l'Idée mallarméenne du jeu du monde n'est rien d'autre qu'une Idée esthétique de la liberté comme nous l'avons déjà établi : le jeu « jouant » (écart ontologique interne à tout étant) et les quatre jeux « joués », montrions-nous plus haut, symbolisent la rupture interne de l'être avec le déterminisme extérieur et l'autonomie qu'il se donne en extériorisant, par l'*aléa*, l'*agon*, l'*ilynx* et la *mimicry*, son intériorité sacrée. La cosmologie de Mallarmé est donc, comme celle de Kant, une ontologie de la liberté. C'est cette dernière qui donne son sens à la totalité des phénomène extérieurs (physiques, biologiques, humains) dans le respect de leur diversité. L'on ne saurait cependant nier que Mallarmé va plus loin que Kant en attribuant le libre jeu ontologique à la totalité des étants, Verbe divin, nature dans laquelle le Verbe s'est joué, étant humain, dont le langage est l'ultime moyen et milieu d'expression ludique du Verbe. Kant oppose encore nature et liberté, même si celle-ci est la fin dernière de la nature. De même attribue-t-il encore à Dieu, quoique sur le mode de « l'anthropomorphisme subtil »,

---

1. Sur Idée rationnelle et Idée esthétique, cf. Kant, C. F. Juger, § 49.

un entendement et une volonté. Mallarmé, influencé par Hegel, rompt avec la théologie dont l'anthropomorphisme est encore synonyme pour lui d'anthropocentrisme, «... de façon, écrit-il, que le Verbe apparaisse derrière son moyen du langage, rendu à la physique et à la physiologie comme un principe, dégagé, adéquat au Temps et à l'Idée»[1].

Admettons que la tâche d'un poète-interprète soit de dire la loi la plus probable de l'univers, sur le mode initial d'un «peut-être» dont seul le caractère unifiant et compréhensif de la diversité des significations déterminantes puisse muer la possibilité en probabilité, et celle-ci en quasi-certitude. On doit alors, en suivant le fil conducteur fourni par la théorie kantienne de l'Idée esthétique symbolisant l'Idée rationnelle du philosophe, tâcher de trouver chez Mallarmé lui-même les analyses relatives à la distinction entre science (déterminant les phénomènes), philosophie réfléchissant les significations «subjectives» des phénomènes, et poésie visant également à symboliser la transcendance du monde dans l'immanence du phénomène humain lui donnant sens. Après Kant, la signification de la phénoménologie s'est élargie à un ensemble d'expériences subjectives donatrices de sens – perception, émotion, imagination, désir, etc – et c'est plutôt à ce type de phénoménologie philosophique qu'il faut confronter les textes de Mallarmé relatifs au thème des rapports entre «poésie et vérité». Nous envisagerons trois phénoménologies degrés de concrétisation croissante. La phénoménologie «positive» ou la science, premièrement, connaît les «lois» des «phénomènes», abstraction faite de toute la matière du vécu en général : qualités sensibles, affects émotionnels, besoins et désirs corrélatifs de la présence de l'objet, dont les sciences «humaines» sous leur aspect «structural» pourront fournir, par la suite, une explication par des principes qui, de toute manière, échapperont à la conscience immédiate de celui qui les vit. Psycho-physiologie, psychanalyse, sociologie ne verront dans ces vécus que des effets dont la signification causale échappe au sujet vivant. Dans «Crise de Vers», Mallarmé a noté avec précision ce travail d'objectivation que l'on peut bien dire «naturalisant», si la nature, objectivement entendue, c'est ce qui ne se comprend pas soi-même. Une telle science accepte «... les matériaux naturels et... une pensée exacte les ordonnant»[2]. «Un idéalisme»[3], comme celui de la poésie, à l'inverse, et «(pareillement aux fugues, aux sonates),

1. Mallarmé, *O. C.*, p. 854.
2. *Ibidem*, p. 365.
3. *Ibidem*.

refuse»[1] ces matériaux et, «comme brutale»[2], une telle pensée les ordonnant. A l'exactitude des lois extérieures au sens dont la conscience naïve investit la matière de son vécu, Mallarmé oppose ce que néanmoins – à la différence des phénoménologues qui s'abstiennent alors du vocable de l'exactitude[3] – il continue de nommer «une relation entre les images exacte»[4], mais de l'exactitude d'un «dévoilement». Ce dernier terme sera celui par lequel Heidegger désigne la vérité que vise la phénoménologie du philosophe. Il s'agit bien, pour le poète comme pour le penseur, de dévoiler la signification immédiatement vécue du phénomène, «d'inclure au papier subtil ... par exemple l'horreur de la forêt, ou le tonnerre muet épars au feuillage»[5] : «montrer cela et soulever un coin du voile de ce que peut être pareil poème, est, dans un isolement, mon plaisir et ma torture»[6].

Phénoménologies philosophique et poétique, toutes deux attentives à dévoiler le sens de l'être pour la conscience, se distinguent néanmoins l'une de l'autre de façon précise. A la phénoménologie «positive», encore très attachée à la pureté abstraite de ses modèles naturalistes, succède une première démarche en direction du plus concret. C'est la phénoménologie du philosophe. Celle de Husserl, en opposition à celle de Hegel, se veut plus radicalement et plus concrètement coupée de toute fondation métaphysique par une logique du concept pur. Celle d'un Sartre cherche à décrire l'essence de l'émotion ou de l'imagination humaine en général, à travers les vécus particuliers dans lesquels elle se donne. La phénoménologie poétique de Mallarmé, au contraire, ne quitte en aucun cas le vécu humain d'un contenu lui – même singulier, dont il fera un symbole du monde comme totalité. Par exemple, bien qu'il lui faille connaître non l'émotion en général (comme Sartre), mais l'horreur particulière qu'est «l'horreur de la forêt»[7], le poète prétend que cette émotion singulière possède une essence. En d'autres termes, il existe un invariant, fond commun des poèmes immanents à l'humanité : «l'horreur de l'homme pour la forêt» en est un aspect, si bien qu'une vue eidétique rigoureuse s'en doit pouvoir prendre. A la vérité philosophique de la phénoménologie,

---

1. *Ibidem.*
2. *Ibidem.*
3. Husserl et Heidegger.
4. *Ibidem.*
5. *Ibidem.*
6. Sur le Théâtre, *O. C.* , p. 876.
7. Mallarmé, *O. C.* , p. 365.

celle de l'essence immanente aux exemples[1] d'une conscience manifestant l'esprit humain en général (Husserl, Sartre), le poète juxtapose la vérité d'expériences concrétisées par leur objets ou phénomènes singuliers : «telle ébauche de quelqu'un des poèmes immanents à l'humanité ou leur originel état»[2], qu'il redéploiera redescriptivement comme *mimésis* de cet «individu universel» qu'est le monde. Remarquons que c'est la «notion pure» de l'objet singulier, le noème, qui singularise absolument l'essence : celle de l'horreur de la forêt ou du tonnerre dans le feuillage.

D'après nos analyses, le propre de la poésie serait d'articuler deux essences, celle du vécu humain et celle des choses singulières qui sont étudiées de façon unilatéralement abstraite par la phénoménologie de l'essence des vécus, d'un côté, et la phénoménonologie des objets ramenés à leurs modèles généraux et abstraits, leurs «essences exactes»[3], de l'autre. Il semble non seulement nécessaire de souligner l'intention poétique de concrétisation absolue vis-à-vis de savoirs réputés insurpassables en «rigueur», mais il faut encore préciser que, si la science étudie les essences ou les lois des choses, c'est telles qu'elles peuvent être appréhendées par un sujet pensant «quelconque» dans l'univers. La phénoménologie du philosophe, au contraire, se préoccupe d'intuitionner l'essence du vécu «humain» des objets. C'est, en effet, de la matière interne, spécifiquement humaine, de l'expérience que cette essence est la forme : sensations, affects, pulsions, qui ne peuvent être attribués par principe à l'ensemble des esprits possibles dans l'univers. En d'autres termes, si un être extra-terrestre nous rencontrait, il devrait partager avec nous une même physique et une même astronomie, de façon plus générale une même approche de l'«exactitude» phénoménologique dans la connaissance de l'univers. Néanmoins, nous ne pourrions, à moins de le confondre avec un homme, lui attribuer exactement les mêmes sensations, les mêmes affections, les mêmes besoins biologiques que les nôtres. La manière proprement humaine dont nous signifions les données de notre réalité psychique représente cette «... réponse spécifique de la conscience au fait de la nature»[4].

---

1. Le jeu de l'essence et de l'exemple est mentionné par Hegel, *Phénoménologie,*trad. cit., p. 82.
2. Mallarmé, *O. C.*, p. 367.
3. Husserl oppose les «essences» exactes, objets des sciences naturelles et les «essences morphologiques», celles des formes de la conscience dans ses *Idées pour une phénoménologie,* I, § 74.
4. Y. Bonnefoy, Préface aux *Poésies de Mallarmé,* Gallimard, 1976, p. 18-19.

La phénoménologie philosophique est, en ce sens, radicalement anthropologique. La phénoménologie du poète ne vise qu'à singulariser par leurs objets de tels vécus.

Selon le poète, la fiction semble être le procédé de l'esprit humain en général ; non seulement de « l'esprit scientifique » mais, aussi bien, de « l'esprit poétique » : « la fiction semble être le procédé de l'esprit humain »[1]. « C'est elle, ajoute Mallarmé, que met en jeu toute méthode, et l'homme est réduit à la volonté »[2]. Dans les sciences, en effet, la « rupture épistémologique » substitue au langage de l'opinion particulière une signification « idéale », nécessaire et universelle en droit, dont la pureté est qualifiée de « fiction ». « Fiction », car il s'agit d'un concept qui n'a pas d'existence en la réalité empiriquement observable. Fiction, aussi, au sens d'une pureté rationnelle dont aucun fait ne présente la perfection. « On avoue qu'il se trouve difficilement, écrivait Kant, de la terre pure, de l'eau pure, de l'air pur, etc. On a pourtant besoin des concepts de ces choses »[3]. Mais cette « fiction » est corrélative d'un acte de la volonté « libre », autonome, en ce sens qu'elle se donne à elle-même la « règle » de connaître le vrai. C'est le sens de la référence faite à Descartes. L'esprit est « libre » de suspendre, par le doute, la valeur de vérité des opinions et de leur substituer des évidences rationnelles. Il y a déjà là une référence à l'être de l'esprit comme liberté. Mais, dès le XVIIIᵉ siècle, la philosophie et la poésie allemandes se sont emparé de Descartes : « nous n'avons pas compris Descartes, l'étranger s'est emparé de lui »[4]. En France, ce sont seulement les mathématiciens qui ont continué son œuvre, « il a suscité les mathématiciens français »[5] : Lagrange, Legendre, Cauchy, théoriciens du calcul infinitésimal et des « nombres imaginaires » ; plus tard, les « conventionnalistes » contemporains de Mallarmé : Poincaré, Carnot. En poésie, « il faut reprendre son mouvement »[6]. Le poète, par une démarche analogue à celle du savant, doit « rompre » avec un discours « lyrique » qui évoque l'expression de la subjectivité particulière et viser à « donner un sens plus pur aux mots de la tribu »[7]. Il ne s'agit pourtant pas de ne référer le discours poétique qu'à lui-même, en le transformant en un vain « bibelot d'inanité

1. *O. C.*, p. 851.
2. *Ibidem.*
3. E. Kant, *Critique de la raison pure*, Trad. T. et Pacaud, PUF, p. 454.
4. Mallarmé, *O. C.*, p. 851.
5. *Ibid.*
6. *Ibidem.*
7. « Tombeau d'E. Poe », *O. C.*, p. 189.

sonore »[1]. Une telle « auto-référence » faisant du poème un monde clos et sans rapport à une transcendance n'est point en vérité ce que projette Mallarmé.

Tandis, en effet, que le philosophe accepte l'arbitraire du signe vis-à-vis de ce qui est signifié, le poète ne s'en satisfait pas. « J'invente, écrit Mallarmé pour définir sa poétique, une langue nouvelle que je pourrais définir en ces deux mots : peindre, non la chose, mais l'effet qu'elle produit »[2]. Le traitement du langage chargé d'exprimer les essences singularisées par leurs objets rend nécessaire une exploration du « symbolisme » mallarméen : « allusion, je sais, suggestion »[3]. Le « Sonnet en X »[4] fournit en quelque manière le modèle phénoménologiquement exemplaire du symbole mallarméen. « Un miroir [la conscience] réfléchit dans une chambre vide [l'esprit pur, vidé de ses particularités] le septuor avec la petite Ourse [le jeu du monde qui s'est allumé dans notre galaxie et qui s'éteindra selon le principe de Clausius] »[5]. Le poète fera donc « allusion », évoquera, en une « suggestion », l'essence des vécus humains du jeu du monde à travers ce « double sensible et singulier » (miroir, chambre vide, meubles, ciel étoilé, fenêtre) dont la structure relationnelle est homologue de celle du jeu vécu. Miroir, chambre vide, fenêtre, ciel étoilé, sont les symboles des liens qu'entretient avec le monde une conscience humaine ayant rompu tout attachement à son « moi particulier », devenue une chambre vide ouverte sur la nuit qu'éclaire la constellation du jeu créateur. L'analogie détermine de façon générale la signification de la beauté que Mallarmé avait découverte après avoir rencontré le néant, en l'absence de Dieu. La beauté et la joie qu'elle engendre résident dans la correspondance saisie avec plaisir entre les objets sensibles *singuliers* et l'expérience du monde à travers eux suggérée. La chose sensible perçue et dite « évoque » l'expérience mondaine. Le symbole est envisagé, d'abord, dans la relation du signifié visé par le discours poétique avec sa référence : c'est à travers un signifié primaire (les relations d'objets singuliers d'une chambre) que le discours se réfère, par analogie de rapports, à un signifié secondaire : l'essence du phénomène humain du monde. Revenons au « Sonnet en X ». La

1. « Ses purs ongles », Sonnet, *O. C.*, p. 68.
2. Lettre à Cazalis, 1864, *Corr.*, I, p. 137.
3. Variations sur un sujet, *O. C.*, p. 366. Plus bas : « cette visée, je la dis transposition ».
4. Sonnets, IV, *O. C.*, p. 68.
5. Lettre à Cazalis de juillet 1868, citée in *O. C.*, p. 1490. Nos commentaires sont entre crochets.

symbolisation des rimes en OR et IX (ou YX) qui terminent chaque vers du poème paraît évidente. «OR» renvoie tout à la fois au «brillant» de l'intelligence «précieuse» et à la conjonction «or», indiquant (tout de même qu'*igitur*) une relation de conséquence logique. «IX», c'est-à-dire «X», suggère la lettre symbolisant, en mathématiques, l'inconnu, l'indéterminé, et, de façon plus générale, ce qui est, en première analyse, irréductible au rationnel : la matière et le hasard.

«Des licornes ruant du feu contre une nixe»[1] : ce vers évoque le cadre du miroir de la chambre (l'esprit humain) où sont figurées des licornes (son : «OR») provoquant des étincelles sur une «nixe», nymphe nocturne des eaux. La ruade de la licorne – symbole de virginité et de pureté – en direction de la nixe, constitue une relation identique à celle de l'esprit luttant contre la matière. La matière est, en effet, un milieu nocturne et liquide, fait de gouttes agitées d'un mouvement «brownien» dont sortirent, commes d'atomes aux conjonctions stabilisées, les êtres de la Terre. Lutte amoureuse, puisqu'il ne s'agit pas dans ce combat de tuer la nixe, de détruire la nuit liquide, mais conformément à l'ontologie mallarméenne du jeu, d'en faire le fond porteur de la forme lumineuse, de lui faire exprimer la lumière. Le phénomène, extériorisation de l'intérieur et, par là, intériorisation de l'extérieur, est un impératif éthique, un devoir-être. Transformer la matière en un miroir réfléchissant l'esprit, telle est la tâche poétique.

La loi exégétique, postulat herméneutique du jeu du monde, est une relation identique, analogiquement saisie en tout ce qui est. Tout étant doit exprimer extérieurement ce qu'il est intérieurement. Il doit s'inscrire, «s'écrire», dans une matérialité contingente (nocturne) et fuyante (fluante). Le monde est l'analogue du livre que le Soi écrit sur les eaux. Il y a partout, dans le monde, un combat (agon) où se risque (aléa), en l'extériorité d'une forme, l'intériorité d'un soi, d'une centrale pureté réflexive : «tout le mystère est là : établir des identités secrètes par un deux à deux qui ronge et use les objets au nom d'une centrale pureté»[2]. De cette centrale pureté, cœur battant de la matière, le principe général est celui de la présence à soi, non seulement «en soi» mais «à l'extérieur de soi». Une série analogique de deux à deux est constructible :

---

1. *O. C.*, p. 69.
2. Mallarmé, *Propos sur la Poésie*, à Viélé Greffin, 8 août 1891, Editions du Rocher, Monaco, 1953, p. 174.

$$A=\frac{OR}{YX}=B \quad \frac{Infini}{fini}=C \quad \frac{Intérieur}{extérieur}=D \quad \frac{Nécessité}{hasard}=E \quad \frac{Lumière}{obscurité}=F \quad \frac{Solide}{liquide}=etc.$$

La relation unissant ces opposés est une dialectique réflexive. L'infini réfléchi en soi, simple possibilité, pure puissance, doit se réfléchir hors de soi, habiter énergiquement et réellement le fini. Son retour en soi sera l'être-auprès-de-soi dans l'autre. Le discours symbolique dit l'identité secrète, dans une chose A entre une relation a-b et une relation c-d au sein d'une chose B, d'une autre genre que celui de la première. Ces choses et leurs rapports peuvent être multipliés. Tel est le symbole mallarméen, conformément à l'individuation de l'objet que le poète saisit comme « microcosmique » : c'est un objet singulier, cette chambre vide, par exemple, avec un miroir et le ciel qui s'y reflète par la fenêtre ouverte, chambre dont l'occupant (le « maître »[1]) est absent, ce maître figurant l'ego singulier auquel renonce le poète. Le propre du symbole (la chambre vide ouverte sur la nuit qui y réfléchit ses constellations) est de n'exprimer la vision secondaire (le jeu du monde) qu'à travers la vision primaire de son sens. Mallarmé n'exprime donc pas directement la signification cosmologique (l'esprit humain ne réfléchit le monde qu'à la condition de faire le vide sur l'ego singulier), mais indirectement, à travers la signification primaire : « allusion, je sais, suggestion »[2]. P. Ricœur, voulant marquer les traits du symbole, reprend de façon frappante les expressions mallarméennes. Le symbole donne son sens, mais « ... on dirait plutôt qu'il l'évoque, qu'il le suggère »[3]. Le poète, on le sait, n'est pas un esprit fait pour l'abstraction du concept pur, mais pour l'expression d'une sensibilité essentielle. S'il propose le symbole comme sens du monde, il estime nécessaire d'y croire, et d'y faire croire, à travers la « fiction » crédible.

Le traitement poétique du langage ne s'écarte pas seulement de son usage philosophique par la relation sémantique indirecte du symbole, mais encore par le traitement que son vers fait subir au signifiant. Le philosophe, en effet, se satisfait de ce que les linguistes nomment « l'arbitraire du signe », de ce fait que les sons du langage – le signifiant – soient sans rapport de ressemblance avec les significations qu'ils expriment – les signifiés du signifiant. Le poète, selon Mallarmé, ne saurait s'en accommoder. Il veut créer « l'analogie des choses » –

1. Sonnet en X, *O. C.*, p. 68.
2. *O. C*, p. 366
3. P. Ricœur, *Finitude et culpabilité*, Paris, Aubier-Montaigne, 1960, p. 23 ; repris dans le *Conflit des interprétations*, Paris, Le Seuil, 1969, p. 286.

l'impression qu'elles font sur nous, en renvoyant symboliquement au monde – par «l'analogie des sons»[1]. Il devra donc lutter contre le hasard dans les mots, pour établir, par le vers, l'analogie des phonies, de leur timbre, de leur rythme que pourra figurer l'espacement typographique du poème, avec la signification symbolisée : impressions de l'âme face à la chambre vide reflétant les constellations, peur du tonnerre dans les feuillages... La matrice de toutes les analogies est celle des impressions de l'âme et de l'instrument de musique. Le poète, écrit Mallarmé à H. Cazalis est «... un instrument qui résonne sous les doigts des diverses sensations»[2]. Il visera, par suite, à reproduire dans l'âme de son lecteur l'état musical dans lequel l'a mis l'impression de l'objet symbolisant le monde. A l'intérieur du monde se livre un jeu proprement humain, celui que jouent les diverses impressions sur le clavier ou les cordes de notre âme. Il ne s'agit d'ailleurs là que de retrouver un langage musical originaire, et W. Benjamin[3] cite, pour illustrer les thèses de R. Paget et M. Jousse sur l'origine «mimétique» du langage, le développement de Mallarmé sur «... la danseuse ... résumant l'un des aspects élémentaires de notre forme : glaive, coupe, fleur...»[4]. Si les objets mondains, à travers les sensations, pincent les cordes de notre âme, il s'ensuit que l'instrument de musique primordial est l'âme humaine avec ses facultés accordées entre elles et avec le monde. Il est possible, mais non certain, que Mallarmé ait lu Novalis. Quoi qu'il en soit, ce dernier parlait de la *Stimmung* comme de la disposition de l'âme sur laquelle jouent les impressions. A la manière d'un instrument à cordes, l'âme est à la fois réceptive et active, elle «réagit» mimétiquement à l'impression reçue. Le langage humain aurait été mimétique à l'origine et c'est ensuite que les signes auraient pris l'aspect arbitraire que nous leur connaissons : «notre langue, si atone, si désonorisée, écrit le poète allemand, était, au commencement, beaucoup plus musicale, et ne s'est prosaïcisée qu'ensuite. Ce qu'elle est devenue à présent n'est plus guère qu'un bruit, un éclat sonore, s'il est permis d'avilir ainsi ce beau mot. Il faut qu'elle redevienne chant»[5]. Au jeu du monde sur l'âme dans l'impression musicale originaire correspond le jeu de l'homme, reproduisant cette musique dans un langage qui aurait été une poésie originaire. Et c'est cette naturalité originaire du signifiant vis-à-vis de

1. Mallarmé, Notes sur le langage, *O. C.*, p. 854.
2. *Correspondance*, I, p. 151. L'explication vise aussi la «Lyre d'Orphée».
3. W. Benjamin, *Essais*, Paris, Ed. Médiations, Denoël, tome II, p. 34.
4. Mallarmé, *O. C.*, p. 303.
5. Novalis, *Fragments*, trad. A. Guerne, Paris, Aubier, 1973, p. 161.

l'impression signifiée que devrait retrouver la poésie, réveillant l'écho d'une «archè». Le symbole mallarméen réside bien dans cette analogie entre la musique du vers et la musique d'une réaction verbale originaire. Mais le paradoxe est que, chez Mallarmé, ce soit au vers, à une suite de mots, qu'il est demandé de «... refaire, à travers plusieurs vocables, un mot neuf et total, étranger à la langue et comme incantatoire»[1].

Notre comparaison entre les trois «phénoménologies» – science, philosophie, poésie – s'est acheminée vers la communauté de la philosophie et de la poésie. Cette dernière, pour exprimer l'essence d'un noème individué, analogiquement microcosmique – pensons à la chambre du Sonnet en X – ne doit-elle pas pratiquer à sa façon, la suspension, l'épochè de la réalité, condition méthodique de la saisie de l'essence selon Husserl[2]? L'attitude «naturelle» avec laquelle rompt la phénoménologie du philosophe est l'intérêt porté aux choses qui nous entourent et à nous-mêmes que nous confondons alors avec ces choses. Pour être attentif à la manière dont nous pensons ces choses, aux essences de nos «vécus», il faut suspendre cette référence «intéressée», qui nous fait «inter-esse», être au milieu des objets à la manière de ces choses et nous réfléchir, comme conscience leur donnant sens. L'équivalent poétique de cette «suspension» est dans la rupture que pratique le poète avec son intérêt pour son «moi particulier» : «ma pensée s'est pensée et est arrivée à une Conception pure ... je suis parfaitement mort ... c'est t'apprendre que je suis maintenant impersonnel et non plus Stéphane que tu as connu – mais une aptitude qu'a l'univers spirituel à se voir et à se développer à travers ce qui fut moi»[3]. Qu'en est-il dès lors du Moi du poète? Pour répondre à cette question, il faut explorer la figure symbolique du poète : Igitur.

II. LE VRAI POETE : IGITUR.

1. De Mallarmé à Igitur, par Hamlet.

Mallarmé fut d'abord l'enfant d'un honneur et d'une pureté bafoués qu'il fallait venger. «Vengeance, vengeance!», crie le spectre du père

---

1. *O. C.*, p. 368.
2. E. Husserl, *Idées*, I, éd. cit., p. 165 : «à l'opposé de l'attitude naturelle ... une nouvelle attitude doit être possible qui laisse subsister quelque chose, à savoir tout le champ de la conscience...»
3. A Cazalis, *Corr.*, I, p. 241.

d'Hamlet[1]. «Hamlet», lu par Mallarmé[2], donna lieu à la projection sublimée d'un mythe personnel dont «Igitur» a été l'expression poétique, mythe d'une vengeance symbolique, transposée du plan du vécu sur celui de l'œuvre. Nous avons déjà tâché de montrer, ailleurs[3], que l'anthropologie herméneutique se doit composer de deux dimensions interprétatives irréductibles et complémentaires. L'une, analytique, explore les déterminations de la conscience par l'inconscient psychique et social, à travers les effets représentatifs et symboliques qui s'exprime dans le langage du poète. L'autre, d'inspiration cosmologique et phénoménologique, repère en une œuvre à prétention universelle, la signification ontologique et éthique des mêmes symboles, au plan d'une vision du monde où s'affrontent alors des valeurs morales. C'est précisément le travail de la «sublimation» qui supporte, en son double sens, ces deux efforts herméneutiques conjugués. Parce qu'elle est sublimation, l'œuvre d'art peut être, en ses symboles, l'expression psychique d'un conflit familial et social – relevant de l'herméneutique psychanalytique et aussi de la critique des idéologies – tout en représentant sur le plan éthique une orientation intentionnelle vers un monde transcendant le vécu, une manière d'habitat (éthos) où l'intériorité libre du Soi réflexif cherche à se reconnaître. Mallarmé, on l'a vu, postule en tout étant, l'indépendance et l'autonomie d'un Soi se posant comme différent de l'extériorité où il doit pourtant se manifester pour faire la «preuve» *(igitur)* de lui-même. En ce dernier sens, le travail de l'œuvre auquel procède la réflexion du Soi humain du poète, implique, comme ce fut le cas pour «Stéphane», une négation dialectique de soi, de l'égocentrisme du discours, l'abandon du seul contenu «idiotique» du vécu sublimé, pour en proposer l'interprétation en termes d'intériorisation d'un conflit cosmologique, présent d'abord dans le monde. L'œuvre apparait ainsi comme une négation dialectique ou «dépassement» *(Aufhebung)* des conflits psycho-sociaux, toujours conservés mais en même temps sublimés, c'est-à-dire dépassés et élevés à la dimension d'expression analogique d'une contradiction onto-logiquement transcendante, intra-mondaine. La négation de l'ego

1. «Venge-le d'un meurtre horrible et monstrueux!», *Hamlet*, Acte I, Scène V, Shakespeare, Théâtre, Editions Rencontre, Paris, Garnier, 1961-1964, tome IV, p. 304.

2. Mallarmé se réfère à Hamlet pour s'y comparer : «ridicule Hamlet», 5 mai 1862, à Cazalis, *Corr.*, I., p. 25.

3. Sur ces deux interprétations complémentaires des symboles esthétiques, nous renvoyons à nos *Etudes post-kantiennes*, Ed. L'Age d'Homme, Lausanne, 1987, II, ch. 3., p. 120 et ch. 4., p. 153-154.

comme moi particulier conserve ce qui est nié sur un plan de symbolisation cosmologique. La «sublimation» est bien «dépassement» dialectique et ontologique *(Aufhebung)*. A l'opposé de la simple projection psychique d'un drame dont la signification resterait étroitement intra-humaine en sa sublimation, la purification qu'opère la réflexion transcendante est la reconnaissance «microcosmique» de ce que les conflits du Moi sont aussi la réflexion, d'abord dissimulée à soi-même, par «amour de soi», de contradictions internes au tout de l'Etre, au Monde.

Avant d'écrire Igitur, le jeune Mallarmé a lu Hamlet. Comment n'aurait-il pas reconnu, dans la trahison dont le père d'Hamlet fut victime de la part de sa femme, quelque chose de la trahison dont le souvenir de sa mère fut l'objet lors du remariage de son père?

Partons de de ce que vécut le jeune Stéphane, guidés par l'hypothèse selon laquelle la lecture d'Hamlet fut la médiation entre ce vécu psycho-social et la figure d'Igitur élaborée ultérieurement. Le «recueil» – que dit «legein» – de la lecture créatrice chez un poète, reçoit l'œuvre lue de façon active, en abstrayant d'elle une structure qu'il recréera. Igitur sera, pour une part, la recréation d'Hamlet à partir du vécu parental de Mallarmé. Sartre a montré, à travers ses études sur Flaubert, que l'écrivain intériorise les œuvres de sa culture à travers son propre drame personnel et qu'il réextériorise celui-ci en une œuvre nouvelle impliquant le mouvement d'une recréation ou, dans le vocabulaire de la psychanalyse, d'une sublimation. Nous savons que Mallarmé perdit une mère représentant pour lui un idéal de pureté religieuse et humaine, pureté relayée par sa sœur Maria et plus tard la jeune amie Harriet Smyth, puis sa jeune épouse Marie. Au lieu de pleurer longtemps l'épouse défunte avec une dignité inconsolable, comme le jeune homme imagina qu'un père devait en faire preuve, Mallarmé-père s'empressa de se remarier avec une jeune femme pour laquelle les questions d'argent («les affaires»[1]) étaient l'essentiel de l'existence. Ces «affaires» sont le centre de sa vie: «elle n'a qu'un affreux mot aux lèvres: économie»[2]. Pourtant, dans son *Mallarmé* Sartre minimise l'importance de la douleur du jeune orphelin dans la genèse de l'œuvre ultérieure: «à vrai dire, écrit-il, je ne vois pas du tout ce que cette mort dont il a très certainement souffert ait été, dans la vie du poète, le bouleversement qu'on a dit»[3].

1. Lettre à Lefébure, 17 mai, 1867, *Corr.*, I, p. 248.
2. Lettre à Cazalis du 4 juin 1862, *Ibidem*, I, p. 30.
3. J.-P. Sartre, *Mallarmé*, Paris, Gallimard, «Arcanes», posthume, 1986, p. 112.

Un manichéisme se construit pourtant dans l'esprit du jeune homme, dont on nous allons montrer la réflexion dans Hamlet puis dans un Igitur. Un premier principe, tout de pureté spirituelle que nous nommerons volontiers «animus». En opposé, le second principe, lié à la vie charnelle, obscur, représenté par le père et sa seconde épouse : «anima». Sartre a bien vu qu'il ne s'agit pas, pour Mallarmé, de s'identifier à la mère défunte, «mais d'en être le témoin sur terre et le monument funéraire»[1], ce qui s'inscrit dans la motivation pour les tombeaux poétiques dont celui, inabouti et resté brouillon, de son fils Anatole. Or Mallarmé ne peut être un tel témoin sur le plan de la vie «réelle». Le culte funéraire de la mère n'a pas été rendu comme il convenait par le père, être méprisable, voué à de sordides intérêts de plaisir et d'argent. Stéphane en tire la conclusion que c'est à lui de racheter l'honneur de sa mère pour suppléer à la défaillance de son père. Sans doute crut-il d'abord qu'il pourrait le faire en épousant «un ange de pureté», Marie sa jeune maîtresse allemande, et il a certainement envisagé de jouer auprès d'elle le rôle que son propre père eût du jouer auprès de sa mère. Ainsi eûssent été vengés dans la vie réelle l'honneur et la mémoire trahis de sa mère.

Bien entendu, le jeune époux découvre bien vite que Marie n'est pas un ange de pureté, mais un être de chair et de sang comme les autres. Elle aussi a ses «affaires» – mot qui signifie, note Mallarmé, à la fois les «règles» sanglantes de la femme et les préoccupations d'argent. Sa femme ne peut lui permettre de réaliser le transfert envisagé. Il l'épousera, néanmoins, moins pour lui, écrit-il, que pour elle : «je n'agis pas pour moi, mais pour elle seulement»[2]. S'étant engagé dans un attitude protectrice auprès de la jeune femme, Mallarmé la confirme par son mariage; mais l'union ne réalisera pas le projet fondamental du poète, le retour de l'Idéal maternel, la résurrection de la pureté angélique profanée. C'est, en conséquence, sur le plan de l'œuvre que ce projet cherchera sa réalisation sublimée. La lecture d'*Hamlet* est intervenue de façon projective, puisque le jeune homme y réfléchit aisément la structure de son propre drame familial. Les rapports entre la mère, le père, la belle-mère et Stéphane trouvent une structure d'accueil dans les relations qui déterminent les personnages du drame shakespearien, d'abord, ceux du drame que produira, ensuite, le poète lui-même : *Igitur*. La structure générale de ces trois «drames» repose sur un conflit de la «race», de l'origine spirituelle

---

1. J.-P. Sartre, *Ibidem*, p. 121.
2. Lettre à Cazalis, 27 octobre 1863, *Corr.*, I, p. 88.

et pure, avec l'autre origine de l'individu humain, l'âme sensible, facilement asservie, et succombant au réel tentateur. Le devoir du poète est de venger la noblesse de sa race trahie, de lui faire dominer à nouveau, la partie «impure» de l'âme, partie sensible à la particularité du moi individuel égocentré. Cette structure, loi de construction du récit, est donc, selon notre hypothèse, d'abord projetée dans l'intériorisation d'Hamlet en une «réception créatrice» première, puis dans la création d'une œuvre nouvelle, la réextériorisation créatrice d'*Igitur*.

Quatre plans se superposent que nous figurerons comme suit :

Vie de Mallarmé	la mère	le père	la belle mère	Mallarmé
lecture projective	le père	la mère (reine	le beau père	Hamlet
d'Hamlet	(spectre)	Gertrude)	(Claudius)	
Igitur	la race spiri-	l'âme sensible	le hasard	Igitur
	tuelle du poète			
principes	animus	anima	l'utile	individu
anthropologiques				humain

Mallarmé sublime son drame personnel sur deux plans : d'abord, celui de la lecture d'Hamlet, puis celui de la création d'Igitur. La motivation de la première sublimation serait qu'il n'a pu faire dans sa vie réelle ce que son père aurait du faire vis-à-vis de la mémoire de son épouse. Cependant, l'interprétation de cette motivation ne doit pas nous conduire à réduire le sens d'Hamlet, puis d'Igitur, à une simple projection psychique du drame de Mallarmé, telle que Ch. Mauron l'analyse dans ses ouvrages : «... un fond de vérité vécue»[1], interprétation réductrice à laquelle s'est opposée, comme nous l'avons mentionné plus haut[2], l'exégèse plus ontologiquement compréhensive de G. Michaud, selon qui les symboles mallarméens renvoient, d'une part, à un vécu psycho-socialement déterminé et, d'autre part, à un sens de l'être réfléchi par le poète avec une rigueur comparable à celle d'une œuvre philosophique. Dès lors, cette «vérité vécue» – justiciable, certes, d'une herméneutique psychanalytique – est réinterprétée comme la modalité psychique d'une vérité poétique et cosmique.

1. Ch. Mauron, *Mallarmé par lui-même,* Paris, Ed. de Minuit, Ecrivains de toujours, 1971, p. 23.
2. Cf. ici-même, p. 24.

Il convient donc d'explorer les deux dimensions significatives d'*Hamlet*, celle qui renvoie au drame personnel de Mallarmé et celle qui renvoie à l'intentionnalité ontologique et éthique d'*Igitur*. La remémoration des origines est un premier thème à double sens. «Pauvre jeune fantôme!»[1], écrivait Mallarmé de sa sœur morte, dont il associait l'image à celle de sa mère. Et Hamlet : «me souvenir de toi! Oui, pauvre ombre, s'écrie-t-il, tant que ma mémoire aura son siège dans ce globe égaré (il porte la main à sa tête)»[2]. Quelle folie d'être toujours tourné vers le passé! C'est de cette façon que la reine Gertrude morigène Hamlet : «ne t'acharne pas, les paupières ainsi baissées ... à chercher ton noble père dans la poussière»[3]. L'on se souvient de ce que, dans Igitur, le poète est l'objet d'une ironie pour vouloir chercher les «atomes de ses ancêtres»[4]. Il est sifflé par des ombres, moqué de ses contemporains, les poètes égocentriques, distrayants, «utiles». L'évaluation des trois personnages royaux par Hamlet est un second thème à double sens : «un roi si excellent qui était à celui-ci (Claudius) ce qu'Hypérion est à un satyre... Quoi! Elle se pendait à lui comme si ses désirs grandissaient en se rassasiant»[5]. Hamlet baptise ici «céleste» son père en l'opposant à ce mélange d'homme et de bête qu'est le satyre (Claudius), et à sa mère, âme sensible, appétitive, insatiable. De même, le jeune Mallarmé a douloureusement ressenti le contraste entre sa mère, «pauvre ange», céleste, et sa jeune belle-mère, cupide et frivole. Quant au père de Mallarmé, l'évocation de l'insatiable désir de la reine Gertrude lui convient également si l'on pense à son rapide remariage avec une très jeune femme : «une bête aurait gardé le deuil plus longtemps», s'écrie Hamlet[6]. Tout cela, certes, a dû être refoulé, mais la *Correspondance* laisse parfois transparaître des sentiments de violent mépris, et bien que le père et sa nouvelle épouse n'aient pas commis de meurtre, c'en est bien l'équivalent que représente le trop prompt oubli de la mère morte. La lecture d'*Hamlet* a donc vraisemblablement réveillé un vécu que Mallarmé a été contraint de dissimuler en partie, afin de se comporter de façon adaptée à la nouvelle réalité familiale produite par le remariage de son père.

1. Mallarmé, Lettre à Cazalis, 1ᵉʳ juillet 1862, *Corr.* , I, p. 35. Les évocations d'Hamlet et de la belle-mère se font à la même période dans la *Correspondance*. (mai-juin 1862).
2. *Hamlet*, édit. cit., p. 306.
3. *Hamlet*, Acte I, sc. 2, p. 292.
4. Igitur, *O. C.*, p. 442.
5. *Hamlet*, p. 294.
6. *Ibidem*.

Troisième et dernier thème à double sens, celui du devoir poétique formulé dans Igitur, répondant parfois littéralement au devoir de vengeance d'Hamlet. «Toutes les oreilles du Danemark ont été grossièrement abusées par un récit forgé après ma mort. Mais, sache-le, toi, noble jeune homme! Le serpent qui a mordu ton père mortellement porte aujourd'hui sa couronne».[1] Il n'est pas impossible que Mallarmé, lisant ce passage, et pénétré d'histoire sainte ainsi que l'on peut le supposer, y ait projeté la structure du mythe adamique. Cette structure, dont nous entendons le concept comme loi de construction des rapports entre les personnages, nous semble éclairante à plus d'un titre. Adapté au «hasard», le diable-serpent se coule dans les circonstances particulières, et en épouse les sinuosités. Il est Claudius, le troisième personnage qui séduit Eve-Gertrude, l'âme vitale d'abord soumise à son époux et maître, le père d'Hamlet, comme Eve l'est à Adam et celui-ci à son «père», le Créateur. Trois triplets relationnels seraient superposables : Le Roi-Gerturde-Claudius; Adam, Eve, le serpent; l'Esprit (animus), l'âme sensible (anima), l'Utile, adapté aux circonstances. De même qu'Eve, d'abord soumise à Adam, a été séduite par par le serpent qui «mord», par son inter-médiaire, l'innocence du premier homme, de même Gertrude a succombé à la séduction de son beau-frère Claudius, meurtrier de son époux, roi du Danemark. Hamlet, nous l'avons vu, est une médiation de première importance pour l'interprétation de Mallarmé. Sa lecture possède à la fois un sens vécu – psychanalysable – en même temps qu'elle est médiatrice d'une conception de l'âme humaine et de la tâche du poète produite dans Igitur. Pour préciser ce second sens d'*Hamlet*, il est nécessaire de reprendre ces notions de l'âme humaine, qui nous font retrouver et approfondir celles de réflexion et d'autonomie que Mallarmé, on le sait, conçoit comme le «jeu» à l'intérieur des étants naturels et humains. *Anima*, l'âme sensible, est partagée entre l'esprit (animus), principe de réflexion autonome en soi, et la matière en son rapport particulier avec les circonstances : le hasard. Elle est, d'un côté, désir douloureux d'exprimer le soi dans la matière, mais d'un autre côté, désir de s'unir à cette matière en son lien avec le hasard, la détermination par l'autre. L'affection de l'âme sensible finit par se plier au hasard de la matière en lui aliénant l'esprit (dans les poétiques et les éthiques utilitaristes), voire même en supprimant totalement son autonomie, ce qui revient à un meurtre. Mallarmé a réfléchi sur la symbolique de la lettre «S», dont l'image et le son figurent le serpent.

1. *Hamlet,* Acte I, sc. 5, p. 305.

Ainsi écrit-il que «sn» dans «sneak» (ramper) et «snake» (serpent) montrent «... les idées de faiblesse et lâcheté, d'inclinaison et de glissement, puis soudain celle de fendre ou bien d'un crime; et là, de perversion rampante comme chez le serpent, de piège et de faux rire»[1]. Comment le hasard (Claudius) s'y prend-t-il pour supprimer l'esprit (le Roi, père d'Hamlet)? Relisons ce passage de la tragédie : «à cette heure pleine de sécurité, ton oncle se glisse près de moi avec une fiole pleine du jus maudit de la jusquiame (Folio : hebenon) et m'en versa dans l'oreille la liqueur lépreuse... Elle s'élance à travers les portes et les allées naturelles du corps et fait figer ... le sang le plus limpide et le plus pur»[2]. Que la mention : «Folio : hebenon» soit en consonance avec le sous-titre d'*Igitur* : «la folie d'Elbehnon»[3] ne nous semble pas l'effet d'un hasard phonique. Car la folie d'Igitur est d'avaler le poison – l'ébène – et elle inverse la folie du meurtrier Claudius qui le verse dans l'oreille du roi. L'ébène, principe nocturne, rassemble les signifiés de «l'eau noire». C'est d'abord le symbole du devenir contingent, irrationnel, par opposition à la permanence et à la rationalité de l'être autonome; il renvoie, ensuite, aux serpents et aux dragons se coulant dans les reliefs changeants des circonstances (thème de l'adaptation utile); c'est, enfin, induite par l'image de la vermine et des vers, la liquéfaction putride du cadavre dont l'esprit s'est retiré[4]. Avalant la fiole de poison, Igitur opère l'inversion du crime de Claudius, du crime contre l'autonomie de l'esprit. Ce dernier a fait succomber le Roi au principe du hasard. Igitur venge ce crime en avalant l'ébène. Il supprime le hasard et ne peut le faire qu'en se suicidant, en se faisant mourir comme «Moi», comme *ego* particulier et contingent.

Les deux gestes, celui de Claudius et celui d'Igitur, sont donc de sens opposé. Celui de Claudius représente l'agression de la réflexion par le hasard. Ce dernier, profitant d'une distraction (le sommeil) de l'esprit, l'endort pour toujours. Le geste d'Igitur représente l'absorption du hasard par l'esprit, la transformation de la matière en miroir de son autonomie, ce qui a pour conséquence la mort du poète comme «un tel», ce Stéphane que l'on a connu, par exemple. «Hasard absorbé», écrit Mallarmé en marge de son manuscrit[5]; et encore : «le néant

---

1. Mallarmé, «Les mots anglais», *O. C.*, p. 948.
2. *Hamlet*, Acte I, sc. 5, édit. citée., p. 305-306.
3. Igitur, sous-titre, *O. C.*, p. 423.
4. G. Durand, *Les structures anthropologiques de l'imagination*, Paris, PUF, 1963, p. 93-97.
5. *Igitur*, O. C, p. 443.

parti, reste le château de la pureté »[1]. Une même attitude de combat
mortel unit Hamlet et Igitur : « Y-a-t'il plus de noblesse d'âme, s'écrie
Hamlet, à subir la fronde et les flèches de la Fortune outrageante ou
bien à s'armer contre une mer de douleurs et à l'arrêter par une
révolte ? »[2]. « Etre ou ne pas être » : le choix des deux héros est le
même et d'Hamlet à Igitur la conséquence est bonne : « Arrière,
arrière, Fortune, prostituée ! »[3].

Au terme de cette première exploration d'Igitur, nous noterons que
l'interprétation du vécu personnel dans la lecture d'*Hamlet* et sa reprise
comme pensée du monde dans *Igitur* se trouvent confirmées par le
« Hamlet crayonné au théatre » qui renvoie manifestement à l'une et à
l'autre des herméneutiques complémentaires : psychanalytique d'un
côté, cosmologique, de l'autre. La « fascination »[4] qu'exerce sur tout
lecteur cette œuvre est «... parente de l'angoisse »[5]. Elle provient de la
reconnaissance en Hamlet de «... l'adolescent évanoui de nous aux
commencements de la vie »[6]. Evanoui, Stéphane-Hamlet, pour n'avoir
pas triomphé du hasard dans sa vie réelle. Mais, « le commerce de
cieux où je m'identifiais sans cesse »[7] rétablit sa présence triomphante
dans le drame cosmique. A la réhabilitation vengeresse de la noble
origine d'une vie profanée se substitue un autre rôle, «... sans qu'une
incarnation contemporaine occupe ... ma place tôt renoncée »[8]. Hamlet
est bien « le seigneur latent qui ne peut devenir »[9], la maîtrise d'abord
inaccomplie des fortunes et hasards de la vie réelle, mais aussi «...
juvénile ombre de tous, ainsi tenant du mythe »[10]. Bien plus, en un
retournement compréhensif du soi psychique dans le tout du monde,
l'adolescence devient la modalité humaine, subjectivement vécue, d'un
Soi universel, latent : « car il n'est point d'autre sujet, sachez bien :
l'universel antagonisme de rêve chez l'homme avec les fatalités à son
existence départies par le malheur »[11]. L'idéal éthique d'Hamlet –
ranimer le devoir de pureté de sa race insultée – ne peut que sembler
fou aux « utiles » prostituant la vie de l'âme et de l'esprit à l'adaptation

1. *Ibidem.*
2. *Hamlet*, Acte III, sc. 1, p. 332.
3. *Ibidem.*, Acte II, sc. 2, p. 327.
4. Mallarmé, *Hamlet*, O. C., p. 299.
5. *Ibidem.*
6. Hamlet crayonné au Théâtre, *O. C.*, p. 299.
7. *Ibidem*, p. 299-300.
8. *Ibidem*, p. 300.
9. *Ibidem.*
10. *Ibid.*
11. *Ibid.*

aux circonstances. Faut-il condamner la «pauvre âme humaine», pauvre sensibilité séduite, on le comprend, par la force des circonstances? Méry Laurent, par exemple, la maîtresse de Mallarmé, fut cette âme éprise d'immédiateté extatique, immédiateté renforcée par les prestiges d'une technique sensuelle, celle de la Mode féminine.

Mallarmé ne put que sembler fou à une telle âme, d'emblée conquise par les prestiges à la mode : «oui, fou, en dehors, et sous la flagellation contradictoire du devoir, mais s'il fixe en dedans les yeux sur une image de soi qu'il y garde intacte ... toujours prêt à se ressaisir»[1]. Ainsi, Igitur, après avoir lancé les dés de la création poétique, dit à tout ce vacarme et aux sifflements moqueurs des «utiles», serpentins et sinueux : «c'est mon devoir de le proclamer : cette folie existe»[2]. Il accomplit alors la démente régression vers les premiers et poussiéreux escaliers de la nature, rencontrant au passage les «vieux plumages terrassés», dieux chauve-souris peuplant les caveaux d'ancêtres craintifs, et aussi le buste d'Hamlet «... non le froissement ailé d'un hôte de la nuit, dont la lumière avait froissé le ventre velu, mais le propre miroitement du velours sur le buste d'un génie supérieur ... tenant dans ses deux mains un volume et une lueur»[3]. Hamlet, en effet, lit un livre[4] et au-delà de l'Acte II, où il entre, lisant, l'on peut déduire qu'il est fervent lecteur de tragédies, puisqu'il en récite sans cesse et s'en fait jouer une dont le sujet, «Le Meurtre de Gonzague», lui permet de reproduire devant tous le meurtre du Roi par un empoisonneur qui a séduit la Reine[5].

Comme Mallarmé lisant Hamlet, Hamlet lisant le «Meurtre de Gonzague» y retrouvait déjà la tragédie de sa vie. Une vie lit un livre dans lequel la vie lit un livre. Le double sens du buste rencontré dans l'escalier du château d'Igitur est clair : c'est non seulement Hamlet lisant, mais encore le poète traditionnel, léguant à Igitur avec la lumière de l'intelligence et le grimoire – livre sacré – le devoir de dire le monde. La figure d'Hamlet s'élargit en symbole de l'humanité, de «sa petite raison virile»[6], dans Le Coup de dés. C'est la toque d'Hamlet qui condense alors tous les signifiés : image du bateau avec sa voile dans la tempête du monde extérieur («mer de douleurs» de

1. *Ibid*. p. 302.
2. Igitur, Scolies, IV, *O. C.*, p. 451.
3. *Ibid*, p. 449.
4. W. Shakespeare, *Hamlet*, Acte II, sc. 2 : «Entre Hamlet, lisant», édit. citée, p. 317.
5. *Ibidem*, Acte III, sc. 2, p. 339.
6. «Un coup de dés», *O. C.*, p. 469.

Shakespeare), image de la plume d'écritoire blanche trempée dans l'encre («l'ébène» de la tragédie) : «lucide et seigneuriale aigrette au front invisible de vertige»[1]. Dans Hamlet : «nous ne sommes point l'aigrette du chapeau de la Fortune», disait Guildenstern à Hamlet[2].

Après avoir étudié Igitur du point de vue de la genèse de l'œuvre, renvoyant au vécu parental de Mallarmé, puis à la lecture d'Hamlet, il convient de poursuivre l'interprétation sur l'unique plan du «discours du monde» où elle s'établit à présent. De même que trois figures ont jalonné la première partie de l'interprétation (Stéphane, Hamlet, Igitur), de même trois figures jalonneront ce second parcours interprétatif : Igitur, quelques Pères de la mystique chrétienne, les Maîtres figurés dans l'œuvre du poète, le Maître de Toast funèbre, le Maître du Coup de dés.

2. D'Hamlet à Igitur, par les Pères et les Maîtres.

a. Igitur et l'escalier du temps.

Igitur est le vrai poète, celui qui, renonçant à «exprimer» son moi personnel, fait d'impressions contingentes, dira la genèse improbable – mais qui fut possible puis réelle – de la conscience de soi dans la nature : «Igitur descend les escaliers du temps, en «absolu» qu'il est»[3]. Il s'agit des scalae naturae, des degrés de l'histoire naturelle que redescend le poète. Mais, «au lieu de redescendre à cheval sur la rampe»[4], en un suicide réel et brutal, non rétrospectif, et tournant le dos à son origine trop vite rejointe, Igitur se supprimera de façon poétique et symbolique. Il séjournera sur chaque marche, recueillant les cendres de l'étape. En écho au Socrate du Phédon, Novalis avait fait du suicide l'origine de la poésie et de la philosophie : «l'acte philosophique pur est de se tuer soi-même; c'est là réellement que commence toute philosophie...»[5]. Ou, en termes de dialectique réflexive : identité égocentrique à soi, négation «suicidaire» de soi, identité synthétique retrouvée dans l'attachement à un Soi universel qui joue dans le monde.

En d'autres termes encore, ceux de K. White, attentif à la figuration d'un en-dehors poétique : «tout commence par une séparation (une disjonction, une dislocation) et avec le désir concomitant d'une unité retrouvée (une nouvelle conjonction, une nouvelle location). Le vrai

1. *Ibidem*, p. 470.
2. *Hamlet*, Acte II, sc. 2, édit. citée, p. 319.
3. «Igitur», *O. C.*, p. 434.
4. *Ibid*, p. 436.
5. Novalis, *Fragments*, trad. Guerne, Paris, Aubier, 1973, p. 45.

voyageur, c'est celui qui passe par le plus de séparations et qui vise, avec tout son être, l'espace unitaire le plus lointain, le plus complexe»[1].

Ainsi, cet espace hors du moi où le Soi réflexif et pur d'Igitur trouve «une location» est-il celui des atomes, des dés primairement jetés par le Verbe claustrophobe. Il va jusqu'à ce fond, en «absolu» qu'il est. «Absolu» a, dans cette définition d'igitur, le sens de «séparé», comme sont séparés les atomes dans leur statut de conditions de l'Univers. Mais, de plus, Igitur «est» cet Absolu : «qui créa se retrouve la matière, les blocs, les dés»[2]. Igitur est Mallarmé qui ne s'exprime plus comme ce Stéphane que l'on connaissait, mais comme l'univers, l'infini enfin «fixé»[3]. Cet infini n'a ni le sens maté-rialiste de la combinaison «indéfinie» des atomes, ni même celui, strictement «bouddhiste», du Tao («quelque chose d'indéterminé avant la naissance de l'univers»[4]), mais celui du Jeu d'une pensée divine niant sa propre éternité pour se poser comme devenir dans le temps. Afin de fixer cet infini en devenir, Igitur devra quitter la «chambre» du temps présent, ce sommet du «château» de l'histoire, chambre meublée de souvenirs personnels, des «effets» que revêtait l'individu. La «folie d'Elbehnon» peut se lire : «folie d'el be none». Folie du «ne sois rien» : sois néant pour accueillir le tout du monde. La dialectique réflexive est symbolisée par la «respiration» d'Igitur : après avoir expulsé du Soi pur l'impureté du Moi personnel en un mouvement d'expiration, Igitur fait retour à soi en un second mouvement d'inspiration. Puis il expire à nouveau ce Soi pur, en le répandant sur la matière cosmique qu'il ranime. Ainsi est ranimé le souffle spirituel ancestral, celui des poètes dont il est le fils, mais aussi le souffle de la vie en général. L'image se déplace alors du souffle aux battements de cœur des vivants, puis aux battements d'ailes des oiseaux nichés sur les marches que redescend Igitur. Le mouvement de ces vie ranimées est une alternance d'extension et de contraction en soi : «j'entends les pulsations de mon propre cœur ... habiter le cœur de cette race (que j'entends battre ici) ... ce scandement n'était-il pas le bruit du progrès de mon personnage qui, maintenant, le continue dans la spirale, et ce frôlement, le frôlement incertain de sa dualité?»[5]. La dualité évoquée n'est autre que celle de la réflexion intérieure-extérieure ou celle du Jeu du Soi en tout étant, souffle ou battement d'ailes de la vie passée.

1. K. White, *La figure du dehors*, Paris, Ed. Grasset, 1982, p. 74.
2. Mallarmé, *O. C.*, p. 451.
3. *Ibidem*, p. 442.
4. *Tao-Tö-king*, Chap. 25.
5. Mallarmé, Igitur, *O. C.*, p. 438-439.

Mais pourquoi Igitur choisit-il d'explorer le passé de sa race?
La dimension du futur serait-elle négligeable pour le poète?
Igitur habite un château dont il occupe la chambre sommitale, et
dont la base, avec ses souterrains, ses tombeaux d'ancêtres, figure les
atomes, éléments primordiaux dont la race humaine est issue. Dans
cette pièce sommitale, deux portes : l'une ouvre sur un escalier
représentant le «passé» de la race; l'autre donne sur un «futur»
qu'Igitur conçoit, conformément à une interprétation du second
principe de Carnot, comme une dégradation par étapes symétriques de
celles de la progression dont il résulte. «A vrai dire, se demande
Igitur, dans cette inquiétante et belle symétrie de la construction de
mon rêve, laquelle des deux ouvertures prendre, puisqu'il n'y a plus de
futur représenté par l'une d'elles?»[1]. L'hésitation du poète est
compréhensible. Car, ou bien il attend passivement un futur qui n'en
est plus un, puisque simple dégradation d'un présent culminant, ou bien
il se remémore activement son origine, l'histoire de sa race. Quelle que
soit néanmoins l'issue choisie, «il n'y a, en effet, plus de futur
représenté par l'une d'elles». Si Igitur choisit la remémoration, c'est
parce qu'elle lui permet encore d'agir à l'encontre de l'attente passive
d'un futur dont «la symétrie des déductions prévues démentait sa
réalité»[2]. Agir, faire quelque chose et, par là, être un vrai poète, tel est
le devoir transmis à Igitur par ses ancêtres. Le travail d'écriture
anamnésique qu'il ambitionne est donc l'effet d'un choix lié à sa vision
du temps humain et du temps physique. La conscience humaine, selon
cette conception, ayant acquis aux XIXe siècle une quantité
d'informations suffisante relatives au réel, ne peut plus, à l'avenir, que
décliner à la fois physiquement (par dégradation entropique) et
intellectuellement (répétition ou application pratique d'une
compréhension de soi achevée pour l'essentiel). Igitur possède «la
science»[3] et le «volume»[4], la «clarté» de la conscience et le livre, «le
grimoire ... annonçant cette négation»[5] : «j'aimerais rentrer dans
mon Ombre incréée antérieure, et dépouiller par la pensée le
travestissement que m'a imposé la nécessité, d'habiter le cœur de cette
race»[6]. Impuissance du poète quant à l'avenir : rien de «neuf» à faire.
Impuissance quant au présent d'une individualité qui se dissipe

---

1. Igitur, *O. C.*, p. 438
2. *Ibid*, p. 437-438.
3. *Ibid*, p. 438.
4. *Ibid*.
5. *Ibid*, p. 442.
6. *Ibid*, p. 438.

sans cesse dans le miroir : « glace d'ennui où, suffoquant et étouffé, je suppliais de rester une vague figure qui disparaissait... »[1]. Reste la puissance de la rétrospection.

Après être sorti de la chambre de son présent et s'être perdu dans les escaliers[2], Igitur lance les dés, vide la fiole et se couche sur les cendres des ancêtres, « cendres des astres »[3]. Nous savons déjà que le jet des dés symbolise l'acte de versification poétique réussi, les douze pieds de l'alexandrin tout à la fois adéquats au contenu du monde et bien entendus par le public du poète. Notre interprétation doit plutôt se concentrer sur l'absorption de la fiole de poison dont nous avons déjà commencé l'éxégèse en commentant les rapports d'Hamlet et Igitur.

Un même terme, « fiole », se trouve ici symboliquement sur-déterminé. Plus précisément, il y a une relation tensionnelle entre, d'un côté, l'encrier du poète avec, au fond, « la goutte de néant »[4] et, de l'autre, l'image du « château de la pureté »[5], pureté obtenue justement après avoir absorbé l'impureté du poison. Or, c'est à éclaircir et purifier la connaissance de son origine que s'est voué Igitur. Telle est l'alternative : d'une part, lorsque le poète continue d'écrire effecti-vement, il ne cesse de « puiser de l'encre » à ce Moi particulier qui est le support de ses actes ; mais, d'autre part, sa fin dernière est de supprimer ce Moi particulier comme « contenu » de ses actes, pour dire le monde : il absorbe alors cette fiole pleine de poison, et il meurt. Cette goutte d'encre-poison représente la particularité contingente du poète, ce qui l'empêche d'être un Moi pur ou un Soi – seulement « rêvé ». Le Soi pur, idéal du moi, est symbolisé par la cristalline transparence de la bouteille vide, château de la pureté, ou encore ces glaciers de l'Esthétique qu'évoque la « Correspondance ». Ainsi la présence non résorbée de cette goutte de néant trouble Igitur, « il sent l'absence du moi représentée par l'existence du Néant en substance »[6]. Mais l'ambivalence de ce Moi est qu'il est à la fois l'obstacle et l'organe du Soi. N'y-a-t-il pas, dès lors, folie à vouloir supprimer l'indivi-dualité, à « vider la fiole » ? L'aporie de l'individualité ne semble pouvoir être résolue que si l'on distingue l'individualité en tant qu'elle s'attache aux circonstances particulières qui font le contenu contingent du moi et l'individualité en tant que vue-perspective sur le monde.

---

1. *Ibidem*, p. 440.
2. Igitur, II, « Il quitte la chambre et se perd dans les escaliers », p. 436.
3. Igitur, V, « Il se couche au tombeau », p. 443.
4. Igitur, *O. C.*., p. 443.
5. *Ibidem*.
6. *Ibid*, Scolies, IV., p. 450.

Comme «angle d'ouverture» sur le monde l'individualité est par principe partageable comme le sont des «places» échangeables en un spectacle sur le dehors. Cette individualité microcosmique semble attacher l'individuation poétique à un modèle que le philosophe connaît bien, celui de Leibniz. Encore faut-il que l'individu, par un acte de rupture avec les perspectives admises, dévoile de manière inventive et autonome ce qui est «sa» possibilité à actualiser. De cette manière, déjà, s'opère un divorce avec l'idée leibnizienne d'harmonie «pré-établie» : l'actualisation de la perspective microcosmique possible à tout un chacun requiert un acte de liberté qui demeure contingent non seulement eu égard aux nécessités logiques du discours – comme chez Leibniz – mais même eu égard au «principe du meilleur» d'un Dieu architecte. Il n'y a donc là nulle prédétermination : ni par la nature ni par un Dieu omniscient. Supprimé légitimement comme contenu et objet de l'expression, le Je, ici et maintenant, doit demeurer comme forme singulière de l'interprétation de l'universel. Le «je» se met ainsi au service du «jeu» universel par la suppression de son néant, par l'absorption de la goutte d'encre, cette «goutte de néant qui manque à la mer»[1]. La mer du monde serait «actuellement» totale si la somme de ces petites perceptions que Leibniz comparait au «bruit de la mer»[2] était constituée de chaque goutte actualisée, de chaque vue distinguée et explicitée. Une poésie du «faire» est une poésie actualisant notre perspective sur le monde, notre petite goutte jointe aux ruisseaux qui se jettent dans la mer. Pourtant, ce lieu, cette énergie verbale et cette puissance d'innovation singulières ne sont pas incommunicables. La preuve en est pour chaque «je» la possibilité de partager imaginairement cette place, de puiser à cette énergie verbale, de comprendre et d'assimiler cette innovation. L'imagination actualise une potentialité qui n'est pas notre possible réel mais celui d'un autre «je». La signification réelle du Tout n'existe en effet nulle part ailleurs que dans les actes de conscience autonomes des individus qui intériorisent l'universel et le réextériorisent vers les autres par leurs actions : autonomie partageable par correspondances et analogies imaginaires. Le symbole mallarméen, avons-nous vu, est une relation d'objets singuliers, exprimant analogiquement la totalité mondaine. Le symbole implique donc un «bon usage» de la particularité. Le symbole est précisément ce qui, au-delà de la particularité contingente et circonstancielle, peut se proposer comme la particularité univer-

1. Igitur, *O. C.*, p. 443.
2. Leibniz, *Nouveaux Essais sur l'entendement humain*, Paris, Editions Garnier-Flammarion, Préface, p. 38.

salisable de l'expression. Les figures métaphoriques et métonymiques passées dans la langue commune sont des «idioties» consacrées, mais toujours d'abord innovées ici et maintenant. «Donner un sens plus pur aux mots de la tribu» ou «refaire un mot neuf et total, comme étranger à la langue», ces formules ne laissent pas de s'inscrire dans une réabsorption du singulier par l'universel tribal et linguistique.

Bien que la négation de ce néant soit le devoir transmis à Igitur, devoir inscrit dans «... le grimoire annonçant cette négation»[1], aucun des poètes ancestraux n'eut le courage de l'accomplir jusqu'au bout. Aussi se moquent-ils du jeune Igitur, en le sifflant. «Ne sifflez pas»[2], leur rétorque-t-il. Cet acte, le dépassement dialectique de l'individualité, leur est apparu comme une «folie». Il apparaît bien aussi tel au jeune héros. Il s'affirme convaincu que «l'Acte»[3] poétique est «... parfaitement absurde»[4]. Comment entendre cette absurdité de l'acte?

L'acte poétique paraît d'abord «absurde» au regard de la poésie «utile», poésie des circonstances particulières, en faveur de laquelle les ancêtres d'Igitur ont le plus souvent renoncé à leur devoir; ainsi, Igitur «trouve l'acte inutile»[5]. Mais c'est aussi dans la perspective même d'Igitur que cet acte est absurde, car le hasard «... contient l'Absurde – l'implique, mais à l'état latent»[6]. En effet, de même que la reconnaissance du hasard suppose au moins idéalement sa négation exigée par la nécessité, de même la négation poétique du hasard n'est pas son annulation purement destructive, sa simple suppression, mais son dépassement : telle vue «singulière» (dans laquelle le poète est d'abord jeté par le hasard de sa vie) devenant un symbole du monde. De façon cachée, cependant, ou à «l'état latent», le symbole contient toujours l'Absurde ou le hasard qui l'a fait naître, en tant que ceci, ici, maintenant. Le message poétique admet enfin le hasard dans la rencontre contingente du poète et de son «public». En ce dernier sens, le hasard est inéliminable. La recherche d'une communication symbolique, à travers l'image, est le fruit d'un acte libre rencontrant un autre acte libre. D'où la phrase de Mallarmé : «devant son existence (celle du hasard), la négation et l'affirmation viennent échouer»[7]. La négation unilatérale échoue, seule est concevable une

---

1. Igitur, *O . C .*, p. 442.
2. *Ibidem.*
3. *Ibidem*, p. 450.
4. *Ibidem*, p. 442.
5. Igitur, *O . C .*, p. 442.
6. *Ibidem*, p. 441.
7. *Ibidem.*

négation qui conserve, en le dépassant, le hasard. Inversement l'affirmation unilatérale échoue, en ce sens que l'affirmation d'un hasard purement matériel échoue à comprendre que «c'est toujours le hasard qui accomplit sa propre Idée en s'affirmant ou se niant»[1] : le hasard est le milieu où se joue l'Idée éternelle, souffrante, claustrophobe d'elle-même. L'absolue liberté de l'acte poétique a ainsi enlevé à l'Absolu sa pureté séparée d'éternité souffrante, désirant son savoir de soi dans son autre, pour que cet Absolu soit dans le fini du temps et du savoir. Ainsi la race du poète a été pure : «elle a enlevé à l'Absolu sa pureté pour l'être, et n'en laisser qu'une Idée elle-même aboutissant à la Nécessité»[2].

L'escalier du temps ne peut être descendu par Igitur que s'il anéantit son moi particulier pour recevoir le tout du monde et le dire en son jeu. Or, nous savons que Lefébure «... ne craignait pas parfois de le diriger (Mallarmé) vers des mystiques»[3]. Les Pères de la mystique chrétienne ont souvent traité de l'anéantissement du Moi préalable à la réception du divin. Un détour par certains d'entre eux s'impose donc à nous, dans le but de préciser le contenu du devoir poétique d'Igitur en sa négativité.

b. Le Néant des Pères.

La nécessité de se faire néant, de s'anéantir pour établir la réceptivité du divin dans le monde se présente en deux traditions patristiques dans lesquelles Mallarmé a vraisemblablement puisé, tant sa terminologie et sa symbolique sont proches des leurs. Grégoire de Nysse (330?-395?), dans son ouvrage, *De la création de l'homme*[4], développe l'opposition entre l'homme terrestre, enfoncé dans ses différences de sexe, de lieu, de temps, et l'homme «pur» – comme Igitur se veut «pur» – image de Dieu, s'identifiant à l'homme en général et au cosmos tout entier. Grégoire répète que l'image n'est vraie que si elle possède tous les traits de son modèle. Or, l'essence de Dieu est d'être insaisissable. En conséquence, le fait que nous ne parvenions pas à définir la nature de notre dimension spirituelle, échec apparent de notre connaissance de nous-mêmes, est justement ce qui fait de nous des images de notre créateur : «c'est donc que nous portons l'empreinte de l'insaisissable divinité par le mystère qui est en

---

1. *Ibidem*, p. 441.
2. *Ibidem*, p. 442.
3. Henri Mondor, *E. Lefébure*, Paris, Gallimard, huitième édition, 1951, p. 62.
4. Grégoire de Nysse, *De la création de l'homme*, CAPUT, XI, in Patrologiae cursus completus, ed. J.-P. Migne, tome 44, p. 154-155, Turnolti-Belgium.

nous»[1]. L'homme est *imago Dei*, précisément en cela qu'il échappe à toute définition, lorsqu'il se réfléchit dans le néant qu'il est. Ainsi Igitur : «il se sépare du temps indéfini et il est!»[2]. N'être rien de déterminé et devoir agir en tant que ce rien que l'on est, comme «germe final»[3] est bien aussi la condition d'Igitur. Quant à l'identification terminale avec les atomes, ancêtres spermatiques de l'univers, elle avait déjà trouvé son expression chez Origène (185?-254?) : «comprends que tu es un autre univers, un univers en petit, qu'il y a en toi : soleil, lune, étoiles aussi. Hésites-tu encore à croire qu'il y a en toi soleil et lune, quand on te dit que tu es la lumière du monde?»[4]. Sans doute, nous l'avons déjà dit, il ne s'agit pas pour Mallarmé d'une véritable expérience mystique, celle-ci étant un retour réel, éprouvé affectivement en un amour qui fusionne avec l'origine : «descendre à cheval sur la rampe»[5] est interdit au poète. Redescendre ainsi serait supprimer mystiquement toutes les médiations, sans séjourner patiemment en chacune d'elles. Cette identité réelle n'est d'ailleurs rien d'autre pour Mallarmé que la mort, suicidaire ou non, qui nous ramène, par décomposition, à l'état d'atomes. Cette identité doit être «symbolisée», imaginée et dite, idéalisée. Mallarmé n'est pas un mystique, car selon lui une distance infranchissable effectivement nous sépare de notre origine. En nous le Verbe universel est devenu langage. Parler de notre origine, en dire le «sens», sans pouvoir «l'être» immédiatement, telle est notre condition. La médiation du langage entre ce que nous sommes et ce que nous fûmes (soleil, lune, étoiles, constellations), est, aux yeux de Mallarmé, un obstacle nous mettant à distance de toute fusion seulement «rêvée». Mais, en même temps, cette médiation langagière, qui fait de nous des êtres de sens, est l'instrument de notre relation authentiquement humaine avec cette origine. L'impression que nous font les choses, de nature musicale, avons-nous vu, est immédiatement renvoyée à autrui en un discours qui l'exprime : l'impression-expression, la «patho-logie» est notre rapport à l'intériorité réflexive du cosmos.

L'unité originaire de la réceptivité affective et de la spontanéité discursive est la condition indépassable de l'expérience humaine en général et de l'expérience poétique en particulier. C'est une telle unité

---

1. *Ibidem*, p. 155.
2. Igitur, *O. C.*, p. 440.
3. Notes de 1869, *O. C.*, p. 1629.
4. Origène, *Cinquième Homélie sur le Lévitique*, Patrologie citée, ed. J.-P. Migne, tome 12, p. 449.
5. Igitur, *O. C.*, p. 437.

synthétique et non un pur affect de l'être qu'a charge de dire le poète.
Nous avons montré plus haut[1] qu'une telle unité originaire est tout à la
fois l'horreur de l'enfermement «claustrophobe» de l'esprit et ce qui
motive son opposition à soi, son jeu séparant, puis son jeu de
domination aléatoire et agonique vis-à-vis de soi, jeu de ré-union à soi
dans le savoir. C'est donc cette image, «horreur désirante» du rien
originaire, qui peut symboliser le «rien» intérieur qu'est analogiquement tout étant intra-mondain et le verbe originaire lui-même,
enfermé dans sa «métaphysique et claustrale éternité»[2]. Il n'est pas
étonnant que, connaissant l'intérêt de son ami pour cette réflexion sur
le rien originaire, Lefébure n'ait pas craint de le diriger parfois vers
des mystiques du néant, tel Grégoire de Nysse dont nous venons
d'évoquer les méditations sur le néant qui nous constitue comme imago
Dei.

Un autre Maître en théologie, Eckhart, représente une transition
entre les Pères religieux et les Maîtres auxquels fait référence
Mallarmé-Igitur lorsqu'il évoque la race des purs poètes dont il est
issu. D'Igitur à la Vierge qui, selon Eckhart, reçut Jésus dans le château
fortifié, la conséquence nous semble bonne. Comment ne pas enrichir
l'interprétation du «château de la pureté»[3], où Igitur recueille le néant
souffrant et jouant, par le commentaire de la réception de Jésus dans le
«castellum». «Il fallait nécessairement, écrit Eckhart, que ce fût une
vierge par qui Jésus était reçu»[4]. Et certes, pour accueillir le Fils, la
création, il est moralement nécessaire d'être vierge, vide de tout amour
de soi, réceptivité. Igitur, au sommet de son château, doit s'effacer
comme Moi, devenir «Rien», pour recevoir le tout du monde créé.
Dans le petit castel du Livre de Luc, se tiennent deux sœurs. L'une,
Marthe, reçoit le Seigneur sans l'accueillir véritablement. «Distraite
par le soin de tâches multiples»[5], elle n'écoute pas sa parole. A
l'inverse, Marie ne fait rien, se contente de s'asseoir aux pieds du
Seigneur et de l'écouter. La virginité de Marie – dont le nom évoque
celui de la mère du Christ, celui de la sœur de Mallarmé et celui de sa
femme – et sa «vacance» lui permettent de s'affranchir des souvenirs
personnels qui, d'après Igitur, «meublent» la chambre du château où
il se tient. Marthe s'étonne de ce que le Seigneur tolère cette inactivité

1. Cf. Chapitre I, 2, «L'homme cosmomorphe», p. 26.
2. Mallarmé, *O. C.*, p. 241.
3. Igitur, *O. C.*, p. 443.
4. Maître Echart, *Sermons*, traduits et commentés par R. Schürmann, Editions
Planète, 1972, p. 16.
5. *Evangile de Luc,* 10, 40.

de Marie alors qu'elle-même travaille. Mais le Seigneur lui répond : «Marthe, Marthe, tu t'inquiètes et tu t'agites pour beaucoup de choses. Peu de choses pourtant sont nécessaires ou une seule même. Marie, elle, a choisi la bonne part et elle ne lui sera pas enlevée.»[1]. Comme Marie, Igitur se détourne des activités utiles, afin de recevoir le Verbe et de l'exprimer. Au lieu de retenir la poussière du temps présent dans l'étoffe de sa mémoire individuelle et de l'enfermer dans les meubles qui l'entourent selon l'obsession egocentrée, il se défait de cette image du moi. Comme Marie, il pourrait dire, selon le commentaire d'Eckhart : «alors je serais vierge, sans l'entrave de toutes les images, aussi véritablement que je l'étais alors que je n'étais pas»[2]. Les images dont il s'agit de se défaire ne sont pas les «symboles du Monde», images de l'infini jouant dans le fini, mais les apparences instantanées du moi particulier, cherchant à fixer sa singularité. Considérer ce genre d'images «... avec son avant et son après»[3], selon Eckhart, c'est ne pas se séparer du «temps indéfini»[4] selon Igitur. Cet indéfini est le mauvais infini de l'instant présent, passage incessant de l'être dans le néant et du néant dans l'être, pur devenir indéterminé selon Hegel. Du présent ainsi conçu comme «nunc stans», rien ne demeure; c'est la «mauvaise part» à laquelle fait allusion le Seigneur, celle qui nous est sans cesse enlevée. Ainsi d'Igitur, «âme fixée sur l'horloge»[5] dont il voudrait reproduire le mouvement de retour à soi, le cercle de la présence[6]. Mais ce retour, avons-nous vu, est purement formel, le contenu du Moi singulier est incapable de s'y couler. Ce devenir indéterminé du retour à soi doit être nié pour que soit conquis un contenu déterminé. Igitur «... se sépare du temps indéfini et il est!»[7].

Se séparer du temps indéfini et de l'être indéfini dans le temps, afin d'être vraiment, ne se peut qu'en demeurant, non dans un présent indéfini, mais dans le passé de l'être en devenir, en tendant intentionnellement le discours vers le Verbe originaire. Cette rétention est le séjour authentique, l'adresse vraie où habite l'homme qui ainsi, d'ailleurs, s'adresse au Verbe. Eckhart pense le rapport du Verbe fini au Verbe infini, de telle sorte que l'homme doit être «adverbe»

---

1. *Evangile de Luc*, 10, 41.
2. Eckhart, *Sermon* «Jésus entra», *o. c.*, p. 17.
3. *Ibidem*.
4. Igitur, *O. C.*, p. 440.
5. *O. C.*, p. 440.
6. Cf. notre analyse du temps formel et répétitif, «invivable» de l'horloge dans Igitur, p. 20, où nous opposions le temps de l'inquiétude du corps vécu (Leibniz) et joué (Igitur) au temps horloger, mécanique.
7. *Ibidem*, p. 440.

(bîwort)[1] au Verbe divin, verbe adressé au Verbe originaire et l'accomplissant. Car «Saint-Jean dit : «au commencement était le Verbe» signifiant par là qu'on doit être un adverbe à ce même Verbe»[2]. Ainsi, de même que le chrétien dans la prière et l'amour du prochain s'oriente vers le Verbe originaire, de même, dans l'acte poétique d'Igitur, l'homme s'oriente éthiquement vers le Verbe divin. Si le divin est l'identité originaire et souffrante du sens et du réel, le Verbe est «expression» de cette identité : séparation et réunion des deux moments, du sens et du réel manifestant finalement son unité dans le milieu de la différence. Mallarmé pense la verbalisation du divin comme une nécessité interne de faire cesser la souffrance en l'amour de soi divin. Dans la perspective religieuse du christianisme, il s'agit plutôt d'un don gratuit, non nécessaire, d'une générosité ou d'un amour de l'autre. Cette opposition entre les deux interprétations de la motivation du divin mallarméen et du Dieu chrétien est redoublée par l'opposition au dogme de l'immortalité de l'âme personnelle dans l'au-delà, dogme auquel Mallarmé oppose l'immortalité de la seule parole poétique. Après le relais des Pères de la mystique chrétienne, c'est un ultime relais par deux «maîtres» qui nous assurera de la nature exacte de cette immortalité poétique : relais par le Maître de «Toast funèbre», d'abord, relais par le Maître du Coup de dés, ensuite.

La figure de Théophile Gautier à qui est porté le «Toast funèbre» (1873) éclaire à la fois Igitur (1869) et le Coup de dés(1897), dernière œuvre de Mallarmé. Igitur, on l'a vu, avait, enfant studieux, lu son «devoir» et l'avait accompli, tel qu'il était prédit dans le «grimoire» par ses ancêtres faillibles.

Gautier, dans le «Toast», a «pour geste humble et large»[3] d'interdire «tout le séjour au rêve ennemi de sa charge»[4], rêve renvoyant aux images indéfinies de son moi particulier. Identiquement, dans le Coup de dés, «le Maître»[5] a légué après sa disparition, «naufrage cela direct de l'homme»[6], à Hamlet-Igitur, «prince amer de l'écueil»[7], «l'unique nombre... Esprit pour le jeter dans la tempête»[8]. Ce nombre permet le calcul exact de l'analogie symbolique que doit exprimer le vers, en «fixant» ainsi le mouvement

1. Eckhart, Sermon «Quasi Stella matutina», *o. c.* p. 181.
2. *Ibidem.*
3. Toast, *O. C.*, p. 55.
4. *Ibidem.*
5. Le coup de dés, *O. C.*, p. 462.
6. *Ibidem*, p. 462-463.
7. *Ibidem*, p. 469.
8. *Ibidem*, p. 462-463.

de jeu de l'infini en tout étant. C'était donc là «un roc ... qui imposa une borne à l'infini»[1] : «c'était le nombre issu stellaire»[2]. En reprenant le nombre poétique, et transmettant son œuvre aux générations à venir, le poète s'immortalise. Le «Toast», de même, commençait par nier l'immortalité personnelle du poète, dans le sens où l'entend la religion chrétienne : celle d'une âme qui quitte le corps pour aller rejoindre le lieu du «jugement» d'un Dieu anthropocentrique. Conformément à son athéisme, Mallarmé écrit du tombeau de Gautier : «et l'on ignore mal ... que ce beau monument l'enferme tout entier»[3]. Entendons : il est difficile d'ignorer qu'un individu mort est tout entier dans son tombeau. Si l'esprit individuel du poète est dissous, retombé aux «souffles moléculaires» de la matière qui le compose, il n'en va pas de même de son œuvre. Au-delà de sa mort, l'homme qui a dit la vérité du monde aux autres hommes est immortalisé. Si, comme tout cadavre, il était «aveugle et muet, hôte de son linceul»[4], Gautier, par son œuvre, «... se transmuait en le vierge héros de l'attente posthume»[5]. Car le message du poète reste après lui, telle une puissance vierge attendant la reprise actualisante de ceux qui le suivent. «Est-il de ce destin rien qui demeure, non?»[6]. Tant que l'espèce humaine continue d'exister – avant sa dissipation dans l'entropie finale[7] – le message du poète demeure, pour avoir dit «ces fleurs dont nulle ne se fane»[8], ces fleurs qui symbolisent les Idées ou essences intra-mondaines dans la «Prose pour des Esseintes»[9]. De même, le Maître du «Toast» «a apaisé de l'éden l'inquiète merveille dont le frisson final dans sa voix seule éveille, pour la Rose et le Lys, le mystère d'un nom»[10]. Ce qu'il est, sans doute, permis d'interpréter ainsi : les fleurs, la nature sont agitées d'un souffle, attente inquiète d'être «vraiment», désir d'être qui sera satisfait par le dire poétique : «c'est de nos vrais bosquets déjà tout le séjour»[11]. Ici, comme chez Heidegger, le langage poétique est la demeure de l'être des étants naturels, et réciproquement, c'est en cette demeure que l'homme doit

---

1. *Ibidem*, p. 471.
2. *Ibidem*, p. 472-473.
3. Toast, *O. C.*, p. 54.
4. Toast, *O. C.*, p. 54.
5. Toast, *O. C.*, p. 54.
6. *Ibidem*, p. 55.
7. Cf. Plus haut, ch. I, 1. p. 21-22, Mallarmé et le principe de Clausius.
8. Prose, *O. C.*, p. 55.
9. *Ibidem*, p. 56.
10. Toast, *O. C.*, p. 55.
11. Toast, *Ibidem*.

habiter : «le langage est à la fois la maison de l'être et l'abri de l'essence de l'homme»[1]. «Legein» : «cueillir» et «dire», chez Mallarmé comme chez Heidegger. Le «dire» cueille «les fleurs dont nulle ne se fane». Le poète ne s'immortalise – «tel qu'en lui-même enfin l'Eternité le change»[2] – que dans la mesure où son «legein» recueille l'être de l'étant. E. Soula concluait durement cette conception mallarméenne de l'immortalité de la façon suivante : «un vivant qui n'a pas suivi la religion du Verbe n'a pas d'existence réelle. La mort d'un homme qui n'a rien dit est un événement indiscernable du néant»[3]. Ainsi en va-t-il de la continuité éthique de la demeure (éthos). Du désir de demeurer des choses au devoir de demeurer dans le dire des chose se perpétue, selon la formule d'Eluard, un «dur désir de durer»[4]. Mais le devoir de dire et d'écouter le dire fait l'homme faillible. Cette faillibilité des Maîtres peut s'entendre soit comme tentation de la faute morale soit comme possibilité de l'échec. Si, dans Igitur, le poète reproche à ses ancêtres une faute, celle d'avoir cédé aux circonstances, dans le Coup de dés l'inaccomplissement du devoir reste ouvert de façon ambivalente aux deux interprétations : soit la faute, soit le simple échec technique. Le «Maître» y représente bien la tradition d'une poétique de l'esprit qui «jadis empoignait la barre»[5] de la nef, de l'âme sensible (anima). Il inférait l'unique nombre nécessaire «pour le jeter» dans la tempête et «passer fier»[6]. Le naufrage est assurément dû à la vieillesse du Maître, son esprit poétique cèdant finalement à son âme fascinée par les «circonstances éternelles»[7], «hésite»[8]. Sans doute, faut-il y voir la revanche de la poésie «utile», se pliant aux circonstances, «serpentine», ayant, dans ce jeu, partie liée avec la technique, cette maîtrise du réel à des fins de domination, provoquant la jouissance. Ainsi, la nef de l'âme sensible s'est noyée avec l'esprit dans ces circonstances, empêchant de faire que l'esprit flotte sur les eaux. Mais voici que réapparaît, dans le Coup de dés, Hamlet-Igitur, surgi du naufrage, «né d'un ébat»[9] de l'aïeul avec la mer. Ce rejeton est ambigü : est-il le fruit «de la mer par l'aïeul

---

1. M. Heidegger, *Lettre sur l'Humanisme*, trad. Munier, Ed. Aubier, p. 163.
2. Le Tombeau d'E. Poe, *O. C.*, p. 70.
3. E. Soula, *Glose sur Mallarmé*, Ed. Diderot, Paris, 1947, p. 77.
4. Titre d'Eluard, Edit. Arnold-Bordas, Paris, 1946.
5. Le Coup de dés, *O. C.*, p. 463.
6. *Ibidem*, p. 463.
7. *Ibidem*, *O. C.*, p. 459.
8. *Ibidem*, p. 462.
9. *Ibidem*, p. 464.

tentant ou (de) l'aïeul contre la mer, une chance oiseuse?»[1]. Du coup, l'hésitation fatale imputée au Maître est elle-même ambigüe. Dans le premier cas, elle signifierait que ce sont les circonstances (la mer) auxquelles a cédé l'aïeul. C'est la perspective d'interprétation de ses ancêtres par Igitur qui les condamne alors moralement. Dans le second cas, l'intention éthique de l'aïeul serait demeurée pure, il aurait vraiment tenté contre la mer une chance, et aurait simplement «échoué», se brisant contre l'écueil des circonstances. Mais qu'il y ait eu faute morale ou échec des ancêtres, le devoir présent reste le même. Il faut relancer les dés. Le poète des temps présents, coiffé de la «toque de minuit»[2] d'Hamlet, choisit d'être plutôt que de n'être pas, de «... s'armer contre une mer de douleurs et (de) l'arrêter par une révolte»[3]. Bien qu'il sache que son Maître a succombé à la mer de la Fortune, Igitur-Hamlet décide de s'armer contre elle. Son arme est un «roc, faux manoir, tout de suite évaporé en brumes, qui imposa une borne à l'infini»[4]. Le «nombre» est ce «faux manoir», cet habitat éphémère, condamné par avance à une dégradation entropique irrémédiable, comme nous l'avons montré de la «chambre du temps» dans Igitur. L'évaporation entropique du manoir de l'esprit humain entraîne celle de la mémoire du temps sensé et orienté qu'il avait pour devoir de se remémorer. A l'issue de cette «mémorable crise»[5], l'on peut affirmer que «rien n'aura eu lieu que le lieu, excepté, peut-être, une constellation»[6], à condition que le poète l'ait exprimée en ses vers, lui ait donné provisoirement une «demeure».

*
* *

Mesurons le chemin parcouru dans l'explicitation de l'éthique mallarméenne. Nous avons tâché, en un premier moment, d'expliciter l'interprétation du monde qui fonde la poésie comme une action éthique. Cette poésie a été, ensuite, étudiée, d'une part, sous l'angle de la «vérité» à laquelle elle prétend au titre d'une phénoménologie rivalisant avec la science et la philosophie, et, d'autre part, sous l'aspect du «vrai poète», Igitur, dont la signification renvoie tout à la fois au drame familial vécu par Mallarmé, à sa lecture «projective» d'Hamlet et à la dimension cosmologique de la poésie, dimension retrouvée, par

---

1. *Ibidem.*
2. *Ibidem*, p. 469.
3. *Hamlet*, Acte III, sc. 1, trad. citée, p. 332.
4. Le coup de dés, *O. C.*, p. 471.
5. *Ibidem*, p. 474.
6. *Ibidem*, p. 474-477.

la médiation des Pères et des Maîtres, dans Le Coup de dés. Mais l'explication du sens éthique de la poésie mallarméenne ne peut trouver son achèvement qu'au terme d'une ultime enquête. Cette dernière doit interroger les œuvres – jusqu'ici seulement évoquées – dans lesquelles le poète confronte ce que nous avons nommé l'éthique du « jeu du monde » avec l'éthique « utile », circonstancielle, « serpentine ». La prise de position de Mallarmé vis-à-vis des modèles moraux et politiques de l'époque présente s'y fait directe. Il y va d'un deuxième aspect de l'éthique du poète : celui de ses implications politiques. Bien que limités en nombre, les textes de Mallarmé consacrés aux rapports entre poésie et politique sont fort précis dans leur condensation. Un dernier chapitre de notre étude s'impose donc à la recherche. Il concernera la dualité des éthiques et la politique.

CHAPITRE III

LES DEUX ÉTHIQUES
ET
LA POLITIQUE

I. DEUX ÉTHIQUES DANS LA «PROSE POUR DES ESSEINTES».

La «Prose» contient, à l'état pur, le code éthique mallarméen. Ce poème figure en effet la relation entre l'enfance et la maturité sous la forme de la dualité entre le frère, esprit voué au «long désir»[1] de l'Idée, et la «sœur»[2], âme sensible, tournée vers les joies de la vie circonstancielle. Mallarmé indique, par là, deux tendances fondamentales et opposées de la conscience humaine, qui vont constituer, selon que l'une se subordonne à l'autre comme but final, deux éthiques en conflit. L'une est celle de «l'ère d'autorité»[3], entendons l'éthique dominante de la modernité, «utilitarisme» articulant la recherche d'un plaisir abstrait, circonstanciel, et la mise en œuvre de moyens techniques raffinés. La seconde renverse ces rapports entre l'esprit, l'âme, et les circonstances particulières : le but est de détourner l'âme des circonstances prises comme fins, pour la faire jouir de la compréhension de soi dans le tout du monde et représenter ce tout dans sa praxis. Le poème envisage ces deux éthiques au moment du «midi»[4] de l'existence, moment où elles ne sont pas encore pleinement réfléchies, n'ayant encore fait l'objet d'aucun choix décisif. C'est là «... ce midi que notre double inconscience approfondit»[5]. Au «midi» répond le «minuit» que vit Igitur, récapitulant le message qui lui fut confié, enfant. L'heure de midi est la fin de l'enfance et le passage à l'âge adulte, l'âge où il faut choisir ce que l'on sera dans «l'après-midi», qui nous mènera lui-même au «soir» de la

1. Prose pour des Esseintes, O. C., p. 56.
2. Ibidem.
3. Ibid.
4. Ibid.
5. Ibid.

vieillesse, ou encore, puisque chez Mallarmé le rythme des saisons en est le symbole, au passage de l'été à l'automne, maturité et amorce du déclin, sinon de la déchéance de l'être. Lorsque l'on rapproche l'ouverture de «Prose» des «Notes» sur le développement du Verbe, «anima», la sœur, et «animus», son frère spirituel, semblent correspondre aux deux phases du temps, «la vie et l'esprit»[1], modes d'être temporels du Verbe infini que la poésie a le devoir de fixer. Le frère, prenant conscience de ce «nouveau devoir»[2], se sépare de«l'ère d'autorité» dans laquelle baigna son enfance. A ce «nouveau devoir» répond la «famille des iridées»[3], le concept concret «dans une île que l'air charge de vue»[4], c'est-à-dire dont l'esprit impose l'intuition éidétique au poète. A l'opposé de ce devoir d'exprimer l'intuition de l'essence, la sœur de l'esprit poétique, humanité séduite par les «circonstances» de la vie, «abdique son extase»[5], renonce à se tenir extatiquement en dehors de soi, dans le royaume essentiel.

Cette sœur n'a plus, dès lors, que «sourire»[6] et douce ironie pour son frère poète qui doit occuper son «antique soin»[7], l'ancestral souci d'Igitur : «Igitur, tout enfant, lit son devoir à ses ancêtres»[8]. Loin qu'il s'agisse pour le frère de fuir sa sœur, la vie, l'une de ses obligations est d'en comprendre l'essence, de «l'entendre»[9], de même qu'il doit s'entendre lui-même, esprit, dans le jeu du monde. Mais cette sœur «sensée»[10] – qui a opté pour le «sens», la sagesse utile et plaisante de l'ère d'autorité – ne porte son regard plus loin que sourire. En d'autres termes, elle comprend seulement qu'il convient de se moquer de ce frère et de la «façon» («comme») il occupe son antique soin à l'entendre, elle qui nomme alors son frère : «Anastase»[11], celui qui reste tourné en arrière, vers le passé de sa race et la vue rétrospective du monde en devenir.

L'alternative éthique qui s'impose à l'esprit est donc claire. L'esprit peut, tantôt, s'orienter vers l'âme de la vie en séparant par abstraction les «plaisirs» individuels de la totalité de la vie de «l'espèce» et du

1. Notes, *O. C.*, p. 854.
2. *Ibidem*, p. 56.
3. *Ibidem*.
4. *Ibidem*.
5. *Ibidem*.
6. Prose, *O. C.*, p. 56.
7. *Ibidem*.
8. Igitur, *O. C.,* p. 433.
9. Prose, p. 56.
10. *Ibid*.
11. *Ibid.*, p. 57.

«monde» qui leur donne un sens cosmologique. C'est l'égocentrisme de l'esprit qui mène à l'égoïsme de la vie. Certes, ces plaisirs peuvent être partagés, l'hédonisme peut se faire «collectif», «utilitariste», mais ce n'est pas la compréhension et la détermination de la totalité qui norment alors la vie. Il convient donc de distinguer le «plaisir» qui n'est qu'une «jouissance» incomplète, coupée de la «joie» qui l'inscrit et le limite dans la totalité universelle d'une «jouissance» complète. En fait, c'est l'esprit qui, comme pouvoir d'analyse et d'abstraction, «tente» la vie et se renie, ne s'accomplit pas totalement dans son pouvoir de synthèse et de compréhension concrète devant succéder à l'analyse. C'est l'esprit qui détache les «circonstances particulières» du plaisir de la fin universelle de l'acte, de la joie du gain de Soi au jeu du monde. Une telle joie fonde le plaisir comme jouissance complète. L'esprit peut – c'est l'autre membre de l'alternative éthique – prendre comme fin dernière la compréhension de soi dans le tout de l'Etre en surmontant la tentation de l'intellectualisme hédoniste. Il «... installe alors par la science, l'hymne des cœurs spirituels, en l'œuvre de (sa) patience : atlas, herbiers et rituels»[1].

Cette tripartition renvoie au triparti du monde : la nature matérielle (atlas), la nature vivante (herbiers), la nature humaine caractérisée par la religion du monde comme totalité dont l'intériorité est sacrée (rituels).

Les philosophes, après Kant, reprennent la différence entre l'esprit comme entendement et l'esprit comme raison. Les synthèses de l'entendement supposent toujours une analyse préalable, une séparation par la pensée d'une région particulière dissociée de la pré-compréhension du Tout absolu qui est l'œuvre de la raison. Nous avons opposé, ailleurs[2], la régionalité de la science d'entendement et l'universalité éthique de la pensée du monde. Le «plaisir» intellectualisé devient, ainsi, un étant particulier et intellectuellement abstrait, lorsqu'il est «pris», en dehors de l'espèce qui lui confère son «séjour» originaire et dont la joie affecte l'individu en une jouissance pleine et entière.

Un plaisir sans joie ne nous réjouit pas. Nous en «jouissons» sans nous en réjouir. Il n'est pas la résonnance du tout absolu dans la jouissance de l'individu. Il fait de nous des «jouisseurs» tristes, sans réjouissance, sans ré-flexion de la jouissance, de la joie du tout dans la

1. *Ibidem*, p. 56.
2. A. Stanguennec, *Etudes postkantiennes*, L'Age d'Homme, Lausanne, 1985, ch. III, p. 140, note 9.

jouissance de la partie. Il n'est pas la jouissance du jeu doublement réfléchi. L'hédonisme «moderne» que Mallarmé commence à penser est celui du plaisir «triste», non joyeux. Le plaisir triste est une «titillation», un «plaisir local»[1]. Il indique le passage de l'homme à une moindre perfection. Le plaisir joyeux est un plaisir total, il indique, en l'animal comme en l'homme jouissant d'un tout qui les dépasse, le passage à une plus grande perfection.

La pensée du monde, procédant par Idées que le poète peut précomprendre implicitement et symboliser esthétiquement, à l'inverse de l'entendement hédoniste, comprend et par là-même limite le plaisir de la vie dans le tout de l'espèce vivante et celle-ci dans le tout absolu. Ainsi, c'est illégitememement que la morale de «l'intelligence du plaisir» se prévaudrait du titre d'éthique, puisqu'elle sépare «schizophréniquement» le plaisir de son éthos, de l'habitat de soi de l'individu dans l'altérité de l'espèce et du monde. Un tel plaisir est mortifère. Il tend à la destruction du milieu de vie et, à terme, à la stérilisation de l'espèce.

Inversement encore, l'éthique de l'esprit semble «mortelle» en ce que son premier principe est celui de la «contemplation» de la totalité ontologique que donne à penser l'Idée de la raison . Mais elle est, en «réalité», une éthique de la vie. N'étant pas une morale de l'entendement abstracteur, mais une morale de la compréhension de soi de l'homme en un tout qui le dépasse, elle implique le respect «pratique» de ce tout en sa diversité concrète et la critique de sa mutilation conséquente à une abstraction.

Par suite, elle respecte aussi la totalité de la vie immédiate, à laquelle elle fait une place en la subordonnant, sans la scinder, à la pensée et à l'action orientées vers la totalité. Ainsi interprétée, l'éthique de l'esprit qui fut celle de Mallarmé lui permet de reconnaître, dans le chant du grillon, la «voix sacrée ingénue»[2], dont le bonheur est «... de ne pas être décomposée en matière et en esprit»[3].

Il y a donc une équivoque de l'esprit et une ambivalence de l'expression «morale de l'esprit». Dans l'hédonisme, l'esprit comme «entendement» détache abstraitement le plaisir pris aux deux fonctions essentielles de la vie, celle de la consommation du milieu et celle de l'union des sexes, de la forme de l'espèce qui est leur «éthos» spatial et temporel. Dans la perspective de l'éthos, ainsi que l'écrivait

1. Spinoza, *Ethique*, Livre, III, 2, Edition Pléiade, p. 470.
2. Mallarmé, *Correspondance*, I, 1867, p. 209.
3. *Ibidem*.

déjà Aristote, «le plaisir est l'achèvement de l'acte»[1]. Il n'est jamais recherché pour lui-même. Dans la mesure, à l'inverse, où une morale tend à détacher la recherche du plaisir de cet éthos spécifique, ce n'est plus une vie normée intérieurement par l'éthos de l'espèce qui est son but final. N'étant plus liée au maintien de sa demeure spécifique dans le jeu du monde, une telle morale en vient à prôner la consommation sans limites du milieu extérieur, «la dévastation de la Terre», de même que l'union sexuelle stérile, dépeuplant la Terre de l'espèce humaine[2]. Si ces conséquences d'une morale de l'esprit de plaisir n'ont pas été mentionnées, elles ont parfaitement été perçues par Mallarmé dans «Prose». C'est bien pourquoi il est nécessaire de les expliciter dans l'horizon de l'interprétation de l'éthique présente en sa pensée.

Une telle explicitation de l'éthique mallarméenne ne relève pas, rappelons-le, de l'histoire de la philosophie, et encore moins de la critique «littéraire», mais d'une réappropriation phénoménologique de l'éthique symbolisée par les «Idées esthétiques»du poète [3].

L'esprit de plaisir n'augmente pas seulement la «puissance du plaisir» par une technique «intelligente», il déplace encore le plaisir des «organes» naturels aux «instruments» qui le rendent plus puissant : le «plaisir de la puissance» renforce la «puissance du plaisir». L'éthique de l'esprit rationnel, à l'inverse, ne rompt pas abstraitement l'éthos vital, mais ne fait que dépasser et respecter le mouvement de la vie comme totalité concrète en la subordonnant à titre de moment à la totalité du monde pensée et symbolisée par les Idées conceptuelles et esthétiques.

Car, en vérité, la vie est «pour» l'esprit. Le Verbe s'est nié en Nature et vie, en «temps», en «long désir»[4], pour avoir chance d'être renvoyé à soi dans le jeu du «tournoiement» extérieur. «Gloire du long désir, Idée»[5], le Verbe atteint sur Terre sa satisfaction. D'autres planètes se sont-elles illuminées ainsi? Nul ne le sait. Le Verbe, sur Terre, est devenu langage. Mais le Verbe ne suit pas d'en haut sa propre course. Il n'intervient ni en intelligence ni en volonté dans le cours du monde, car il n'est pas Dieu. Il s'est jeté. Et il a donné sa

1. Aristote, *Ethique à Nicomaque*, X, 4, 174 b, 14-34.
2. Dans *Qu'appelle-t-on penser?*, de Heidegger, Leçons de 1952, traduction Granel, PUF, Paris, 1959, «Dévastation de la Terre» et «croissance du désert» sont deux motifs nietzschéens dans lesquels le penseur allemand reconnaît l'issue «morale» dominant la «modernité».
3. Sur les symboles mallarméens comme «Idées» esthétiques, cf. plus haut, Deuxième Partie, chapitre I.
4. *O . C .*, p. 56
5. *Ibid.*

chance à son autre, en respectant les règles du jeu, du don et de la balance, absolument. Le Verbe, qui ne doit rien à un redresseur de torts, à un miracle théologique faisant converger les «diversions»[1], est devenu langage. Nous le savons : «... ne jamais confondre le langage avec le Verbe»[2]. Il y aurait contre-sens à attribuer un intellectualisme hédoniste à Mallarmé. Le poète a, au contraire, reconnu et loué le Verbe en sa présence naturelle immédiate. «La nature ... chante un chant exquis, pour le seul artiste, son fils et son maître – son fils en ce qu'il l'aime, son maître en ce qu'il la connaît»[3]. Le cerveau de l'artiste a été préservé par les dieux «... pour compléter leur ouvrage; il produit cette chose merveilleuse appelée chef-d'œuvre, qui dépasse en perfection tout ce qu'ils ont essayé en ce qu'on appelle nature»[4].

Dans la mesure où c'est la nature, la vie, puis la vie humaine qui sont le «temps» que doit comprendre le poète, ce dernier ne peut fuir sa «sœur», l'âme sensible séduite par l'esprit d'abstraction. Que Mallarmé, en tant qu'homme, ait accordé cette interprétation à sa liaison avec Méry Laurent, c'est ce qui ressort de sa «Correspondance», dans la droite ligne de cette éthique de l'esprit qui doit séjourner auprès de l'esprit de plaisir, d'un plaisir de vivre médiatisé par l'intellect. Vie dévoreuse et gourmande, mais non point immédiate et naïve : «Que veux-tu! Tu es, en dépit de tout, simple et d'un seul jet (à mes yeux superbe) et c'est ce toi, ton être, que j'adore, entier... Vois donc, il n'y a sur presque rien de rapport entre nos pensées, et l'attrait seulement qu'en tant que femme tu as pour moi est merveilleux de survivre à tout cela»[5]. Cet attrait n'est donc pas l'accord avec une «vision morale» du monde, partagée, puisqu'au contraire les «pensées» sont sans «rapport». Quel est-il donc? Ambivalent, sans doute.

Méry est certainement la vie, d'abord immédiate («simple») et non réfléchie («d'un seul jet»), mais c'est aussi la vie séduite par l'entente du plaisir abstrait et qui succombe, au moment du Midi, à «l'ère d'autorité»[6]. Immédiateté séduite par la médiation abstraite, analytique, du plaisir et non par la médiation synthétique, concrète, de

1. Notes de 1869, *O. C.*, p. 854.
2. *Ibid.* p. 853.
3. Le «Ten o'clock», *O. C.*, p. 574. Mallarmé sépare à nouveau la vérité «... des faits pour la botanique» *(Ibid)* et celle des «suggestions pour des harmonies futures» *(Ibid)* : «comment la grâce se marie à la dignité...» (p. 575).
4. En la nature, le divin, le Verbe, les «dieux» ont «essayé» : «cette pensée qui commença aux dieux et qu'ils lui laissent à effectuer» *(Ibid)*.
5. Lettre à Méry Laurent du 11 septembre 1889, *Corr.*, III, p. 355.
6. Prose, *O. C.*, p. 56.

la joie complète que donne la contemplation du Tout. Mallarmé a donc succombé, comme individu tendu entre l'esprit de circonstances et l'esprit du circum universel, à l'attrait hédoniste de Méry. «M'introduire dans ton histoire» en est le clair aveu. Le «gazon de territoire»[1] y représente, pour ainsi dire, la toison de la vie dans laquelle s'introduit le poète. Cette toison est «... à des glaciers attentatoire»[2]. Aux «glaciers de l'Esthétique»[3], le poète épris attente en effet, et s'accuse là d'un «naïf péché»[4]. Mais ce compagnonnage était aussi éthiquement nécessaire pour «connaître» la vie, l'observer, fasciné; ce qui impliquait, évidemment, le risque de commettre le «naïf» péché de Méry, de succomber comme elle, et avec elle, à l'esprit du plaisir abstrait. Sans doute cette fascination ambigüe déplut-elle à Méry qui prit l'initiative de la rupture.

Qu'il y ait un retournement «mortel» de l'hédonisme intellectuel séduisant l'âme de la vie naïve, choisissant sans comprendre le plaisir qui est l'apparence extérieure de sa vie, cela est historiquement saisissable en Europe, dès la seconde moitié du XIXᵉ siècle, au cours de laquelle le phénomène de la «mode» dérive de celui des «Expositions universelles» dont celle de 1867 constitue une apogée que n'a pu ignorer Mallarmé. Initialement, «l'exposition universelle» sert une idéologie de l'industrialisation de la Terre, à vocation d'émancipation populaire. Elle est en quelque sorte le prolongement pragmatique de l'Encyclopédie des arts et des métiers du siècle précédent. Mais, peu à peu, l'industrie exposée devient celle des objets à usage interne, puis celle de la parure vestimentaire. La Femme représente bientôt l'investissement suprême de l'exposition. Autour de son corps et sur lui se crée, dans le luxe, ce «... cadre où la valeur d'usage passe au second plan»[5]. Le désir qu'excite la «femme à la mode» est d'abord celui de la mode à laquelle elle «est», lui appartenant tout entière. «Etre à la mode», c'est, pour cette femme, être ravie par la mode. Le désir sexuel se déplace sur les objets qui l'aliènent : «son nerf vital est le fétichisme sous-jacent du sex-appeal de l'inorganique»[6]. L'inorganique appelle le sexe jusque dans l'extrême opposé de l'organique, signe suprême de l'aliénation du vivant : la mort. Dans la société

1. *O. C.*, p. 75. Tous les exégètes admettent que ce poème datant de 1886, environ, est d'une inspiration érotique dûe à M. Laurent.

2. *Ibid.*

3. Lettre à Cazalis, juillet 1866, *Corr.*, I, p. 220.

4. *O. C.*, p. 75.

5. W. Benjamin, *Essais*, 2, Paris, capitale du XIXᵉ siècle, trad. M. De Gandillac, Denoël-Gonthier, Médiations, p. 44.

6. *Ibid.*, p. 45.

française de cette fin de siècle, deux grands types sociaux de femme se rejoignent. La beauté de la bourgeoise lascive et la laideur exténuée de la femme prolétarienne sont les effets d'un même phénomène d'expansion industrielle ou, pour le dire dans les termes de Mallarmé, d'une même «ère d'autorité»[1]. Belles «à la mode» et laides usées par le travail expriment également une civilisation mortifère. En bas de l'échelle sociale, le travail tue le désir : plus le temps ni le goût de faire l'amour; en haut de cette échelle, le désir se déplace du corps vers les mécanismes luxueux qui le parent. Ainsi s'explique que Mallarmé mette en scène, dans le «Phénomène futur», un Montreur de choses passées qui expose à la foule ouvrière, vaincue par « le péché des siècles»[2], une «femme d'autrefois»[3], «vivante et préservée par la science souveraine du poète»[4]. Que sa beauté ne soit pas séparée de la beauté du monde, cela est attesté par les termes en lesquels l'évoque le poète : «des seins levés comme s'ils étaient pleins d'un lait éternel, la pointe vers le ciel, ... jambes lisses qui gardent le sel de la mer première»[5]. A l'éternelle «voie lactée» répond la fécondité de la poitrine féminine encore tournée vers le ciel, à la mer première dont est sortie pour un temps l'humanité répondent les jambes lisses de la «femme d'autrefois».

Que Mallarmé ait vécu la tension entre une morale hédoniste de l'intellect et une éthique rationnelle de la joie du monde, qu'il ait succombé à l'esthétisation technique du plaisir «abstrait» – sous l'influence, sans doute, de Baudelaire – c'est ce dont témoigne «La dernière Mode», ce mensuel destiné aux femmes modernes dont il rédigea, de septembre à décembre 1874[6], toutes les rubriques, mais où il ne put s'empêcher d'exprimer, aussi, la vision du bijou d'Hérodiade : «tel éclat de soleil convient à cette fleur, telle type de femme à ce joyau. Cette harmonie naturelle régna dans le passé, mais elle semble abolie dans le présent; si l'on excepte les peuples aux yeux de tous demeurés barbares»[7]. «L'érotisme mallarméen, écrit à ce propos R. Bellet, est inséparable d'un sensualisme philosophique, souvent hédoniste, qui se manifeste dans le rapport fondamental homme-univers»[8]. Formule lucide d'une alternative : l'homme doit-il

1. *O. C.*, p. 56.
2. *O. C.*, p. 269.
3. *Ibid.*
4. *Ibid.*
5. *Ibid.*
6. «La dernière mode», *O. C.*, p. 705-847.
7. *Ibid*, p. 712.
8. R. Bellet, *L'encre et le ciel*, Champ poétique, Champ Vallon, 1987, p. 93.

prendre son plaisir en dehors de l'Univers (sensualisme hédoniste) ou doit-il le rattacher à l'Univers, au titre d'un plaisir joyeux, d'une «plus grande perfection»?

La question du plaisir mène à celle de la «stérilité». S'agit-il d'une quête de la stérilité hédoniste, active, pragmatique – Méry, la femme à la mode moderne – ou de la stérilité «réactive» de la Femme d'autrefois, c'est-à-dire d'Hérodiade? C'est qu'il y a deux figures de la stérilité féminine dans l'œuvre de Mallarmé. La première est celle de la femme à la mode qui l'a fasciné en Méry Laurent, au point qu'il lui ait consacré le «Journal de la dernière Mode». A cette stérilité de la Mode s'oppose l'autre grande figure de la stérilité, celle d'Hérodiade. Vis-à-vis de la stérilité hédoniste, elle réprésente, réactivement, une beauté naturelle qui refuse son union avec l'humanité considérée globalement comme pragmatiquement hédoniste : «oui, c'est pour moi, pour moi, que je fleuris, déserte»[1]. Hérodiade est donc la nature refusant le jeu technicien du plaisir sans réjouissance. Elle s'assimile aux richesses vierges de la Terre. Le corps d'Hérodiade est fait de «jardins d'améthyste, enfouis ... d'une terre première ... pierres, métaux...»[2]. La stérilité d'Hérodiade est critique. A la demande de la Nourrice qui accepte une liaison positive de la nature avec l'existence de l'ère d'autorité, elle oppose un refus. C'est qu'elle saisit le caractère mortel, à long terme, d'une telle union : «quant à toi, femme née en des siècles malins ... prophétise que si le tiède azur d'été me voit ... je meurs»[3]. «Siècles malins» répond manifestement à «l'ère d'autorité» de la connaissance analytique. En une époque qui a suspendu la thèse du monde, il convient de suspendre l'union avec l'époque, de vivre «l'interrègne».

Le «tiède azur d'été» représente l'exposition possible à un regard connaissant ou, ainsi que le suggérait plus haut la nourrice, «le dieu que le trésor de votre grâce attend»[4]. Le péché mortel du plaisir analysé s'arrêterait à l'extériorité phénoménale d'Hérodiade, à la façon dont le soleil, dans «... le bel azur»[5], éclaire seulement la surface des choses, abstraitement séparée de l'intériorité par laquelle elles communiquent avec la totalité du monde. A la connaissance objective d'Hérodiade qu'un amant «séculaire», «malin» (cf. «siècles malins») ferait servir à l'hédonisme du siècle, Hérodiade elle-même

1. Hérodiade, *O. C.*, p. 47.
2. *Ibidem.*
3. *Ibidem.*
4. Hérodiade, *O. C.*, p. 46.
5. *Ibidem.*, p. 48.

oppose sa certitude intérieure d'elle-même, sa beauté de «terre première».

Et cependant, Hérodiade est insatisfaite de sa certitude solitaire. Elle ne serait convaincue d'être «vraiment» belle que sous le regard d'un autre. C'est bien pourquoi elle renonce à fleurir «pour elle». Mais la seule union qu'Hérodiade puisse admettre est celle de ses «noces» avec Saint-Jean. Les notes de la «Scène intermédiaire», restées manuscrites, contiennent l'ordre donné par Hérodiade à sa nourrice : «va pour sa peine ... m'en apporter le chef tranché dans un plat d'or!»[1]. A la pureté d'Hérodiade renonçant à réaliser sa fécondité en une union avec un siècle qui, à long terme, en compromettrait la continuité éthique, convient seulement le «pur regard»[2] du saint, décapité, séparé des convoitises du plaisir abstrait. Dans le cantique, le Saint fait parler sa tête : «ma tête ... plutôt refoule ou tranche les anciens désaccords avec le corps ... qu'elle s'opiniâtre à suivre (...) son pur regard là-haut où la froidure éternelle n'endure que vous la surpassiez tous, ô glaciers»[3].

La tête contemplative du Saint joue le jeu de ce que nous savons être la «balance» (ilinx) : tournoi et vertige[4]. Plutôt que de se maintenir obstinément à la hauteur du «principe»[5], dans la « froidure éternelle» avec laquelle rivaliseraient les «glaciers de l'Esthétique», et après s'y être élevée un instant, elle «retombe», à la suite de ce bref envol, en direction du monde et de son jeu. De même que le «Principe qui m'élut»[6], de même, reconnait Saint-Jean, ma tête «... penche un salut»[7] en direction du monde.

De même que le Verbe a renoncé à sa pure transcendance, «horrifié» de son indistinction en soi-même, pour se jouer dans le monde, de même le poète (Saint-Jean) renonce-t-il à la contemplation des «purs glaciers de l'Esthétique» – c'est-à-dire des principes transmondanins de la Beauté – pour exprimer la beauté réelle, intra-mondaine. C'est le «sacré», la transcendance dans l'immanence qui, dès lors, est l'objet de la poésie, non la transcendance pure ni

---

1. *Les Noces d'Hérodiade*, publiées et introduites par G. Davies, Paris, Gallimard, 1959. Cf. aussi, G. Davies, *Mallarmé et le rêve d'Hérodiade*, Paris, Librairie J. Corti, 1978, p. 230.
2. Cantique de St-Jean, *O. C.*, p. 49
3. *Ibidem*.
4. Cf. plus haut, Première Partie, ch. II, L'homme cosmomorphe, sur la «balance», jeu de tournoiement et de vertige.
5. *O . C .*, p. 49.
6. *Ibid*.
7. *Ibid*.

l'immanence des phénomènes contingents, extérieurement déterminés par les lois d'une phénoménologie analytiquement scientifique. Ainsi, le poète a tout autant besoin d'Hérodiade qu'Hérodiade a besoin de lui. Hérodiade, «jeune intellectuelle»[1] des «Noces», avait besoin de réfléchir sa beauté dans le regard du poète. Réciproquement, ce dernier, renonçant à ses vieux désaccords avec son corps, redescend vers la Terre, pour être un vrai poète. Un vrai poète doit agir, «faire» : reproduire le jeu du désir de la connaissance de Soi dans le monde. D'abord attaché aux circonstances de son corps «propre», de ses plaisirs analysés et de son temps fait d'instants évanescents, le poète (Saint-Jean) s'en détache en une rupture dialectique, déjà rencontrée chez Igitur, et s'oriente vers une transcendance dans l'immanence des phénomènes du monde. Ainsi se réconcilie-t-il avec les phénomènes en tant qu'expressifs d'une intériorité qui s'y joue. «Le poète, note Gardner Davies, incline à supposer que les phénomènes de la nature contiennent intrinsèquement la volonté ou la force nécessaire pour les élever à la beauté parfaite. Il s'agit, dans le cas d'un phénomène particulier, de le libérer des contingences du temps, du lieu et de la matière, en rejetant tout élément étranger à son essence même, pour ensuite le reconstituer»[2].

La sœur de «Prose» et «Hérodiade» (la «femme d'autrefois») figurent donc deux modes moraux de l'âme humaine, selon que celle-ci se soumet à l'esprit d'analyse en une morale intellectuellement hédoniste ou à l'esprit de synthèse rationnelle en une morale concrète ou éthique. L'esprit du temps fait dominer la morale hédoniste, et la sœur de «Prose» considère la sagesse éthique de son frère comme une «folie» : elle en «sourit» doucement.

Le sourire de la sœur du poète, cette âme humaine, jouisseuse, ravie par l'esprit d'analyse, est un mode de réprobation auquel fait écho le «sifflement» des poètes «circonstanciels» et égocentriques qui se moquent d'Igitur. Du «sourire» ironique et du «sifflet» moqueur, la morale de l'ère d'autorité peut aller à des modes plus violents de séparation et d'exclusion, et dans cette voie l'on rencontrerait l'interprétation du rejet d'E. Poe dans le Tombeau que Mallarmé lui a consacré. Cet «ange» qu'on entendait «donner un sens plus pur aux mots de la tribu»[3] se vit accusé d'avoir «bu» ce sens «dans le flot sans honneur de quelque noir mélange»[4]. Réduire la joie poétique au plaisir

---

1. S. Mallarmé, *Les Noces d'Hérodiade*, Paris, Gallimard, 1959, p. 95.
2. G. Davies, *Mallarmé et le rêve d'Hérodiade*, éd. citée, p. 283.
3. Le Tombeau d'E. Poe, *O. C.*, p. 189.
4. *Ibidem*.

pris à l'alcool par le poète est encore la meilleure façon de nier l'autonomie de la poésie .

A l'inverse, l'éthique du jeu du monde implique que le poète s'unisse à son autre, d'abord pour le comprendre, ensuite pour susciter en lui une «conversion». Mallarmé lui-même dut ainsi mettre en place une stratégie prudente qui n'allait pas sans quelque «ruse de la raison». Le «symbolisme» qui permet de «jouer» avec les mots l'y a aidé, en visant, au-delà du sens primaire, un sens spirituel : «la rusée pratique évoquera certes des gens, toujours»[1]. Quant au sens : «tout écrit, extérieurement à son trésor, doit par égard envers ceux dont il emprunte, après tout, pour un objet tout autre, le langage, présenter avec les mots, un sens, même indifférent»[2]. Le meilleur exemple de cette banalité apparemment inoffensive reste le «Sonnet en Yx», dont l'exégèse littérale, comme celle des «mots-croisés», réjouit «les malins»[3]. On est heureux d'avoir compris qu'il ne s'agit, au fond, seule la forme étant difficile, que d'une chambre ouverte sur la nuit dont un miroir reflète les étoiles! De même, le poète confiera, sans doute avec quelque ruse éthique, aux plis des éventails, objets futiles s'il en est, des poèmes à double sens. L'un se fera léger, naïf, flattant le plaisir analysé des «dames à la mode», l'autre restera profondément grave et cosmique. Plus radicalement encore, l'éthique de l'esprit concret qu'a choisie Mallarmé lui imposa de jouer avec courage et subtilité le jeu de la vie «sociale», «mondaine» en un sens autre que «cosmique». Il accepta de fonder un foyer, sans mépriser l'utilité sociale, mais en la subordonnant à son option de rompre avec le monde de l'autorité «séculaire» pour dire le monde «divin» : «quant à cette sottise que la famille empêche de travailler, oh non! Au contraire, on ne trouve que là le couvent, les heures avec la liberté mondaine»[4]. Enfin, on sait qu'il assuma un métier d'enseignant pour lequel il n'avait ni goût, ni talent naturel.

Telle est donc la pensée de l'éthique qui fait approfondir au poète le séjour spirituel de la totalité dès qu'il s'agit de définir la fin dernière de la vie, de «l'âme» humaine. L'esprit peut déterminer l'âme, ainsi que nous l'avons vu, de manière alternative, soit comme entendement, esprit d'analyse menant à l'hédonisme, soit comme raison compréhensive, en subordonnant ses affections à la compréhension du tout absolu . La poésie mallarméenne nous permet d'habiter en esprit le réel qui nous entoure, la «terre», d'y séjourner en la réfléchissant, de

1. Etalages, *O. C.*, p. 375.
2. Le Mystère dans les Lettres, *O. C.*, p. 382.
3. *Ibidem.*

même que toute particularité, dans la compréhension du monde. C'est en tant que nous nous orientons vers le sens du monde que nous devons habiter la terre. Le retour à la praxis de la «vie» de l'âme s'effectue bien ainsi. Sexualité, famille, consommation des biens, politique ne sont nullement négligés. Mais nous devons y réfléchir aussi le sens du monde, le jeu du Verbe infini dans le fini. Nous habitons pratiquement la terre en hommes, conformément à notre essence, lorsque nous sommes près du monde compris en esprit en ayant affaire aux réalités les plus prosaïques : la sexualité, le travail, la politique. La poésie est, avec le mythe et la philosophie, ce qui permet ce séjour. Mallarmé, en affirmant que «la poésie doue d'authenticité notre séjour et constitue la seule tâche spirituelle»[1] rejoint ainsi l'affirmation d'Hölderlin : «l'homme habite en poète...»[2]. En conséquence, l'éthique mallarméenne de la poésie n'est pas seulement réservée à l'esprit individuel; elle comporte de précises implications relatives à la dimension politique de l'existence humaine. C'est à l'examen de cette vocation politique et, par là, historique de l'éthique du jeu du monde que nous devons consacrer l'ultime étape de notre réflexion.

II. POÉTIQUE, POLITIQUE, HISTOIRE.

Mallarmé a scruté lucidement l'époque moderne. «On traverse un tunnel, l'époque»[3], dans laquelle l'éclipse du poète est corrélative de celle d'une référence de la collectivité à un sens commun du monde. Le peuple des démocraties modernes est devenu une «masse» tout entière refermée sur elle-même et sa volonté de jouir «puissamment», se séparant, avons-nous vu, de ses poètes cosmiques. Baudelaire, d'abord, Verlaine, ensuite, ont constaté qu'au XIXᵉ siècle l'action et le rêve ont brisé le pacte primitif qui permettait au second de fonder la première. Et Sartre, au début de sa brève étude sur Mallarmé[4], a fortement souligné ce constat de séparation, mais en omettant tout le travail de réconciliation caractéristique des écrivains et des poètes sociaux de la seconde moitié du siècle auquel Mallarmé participe. Assimilant la position de Mallarmé à celle des «parnassiens» ou des tenants de

1. Lettre à Léo d'Orfer du 27 juin 1884, *Corr.*, II, p. 266.
2. Hölderlin, *in* «En bleu adorable», *Œuvres*, Editions de la Pléiade, Paris, 1967, p. 939. Sur l'interprétation de Heidegger, cf. plus haut, ch. I, 2. L'homme cosmomorphe.
3. «L'action restreinte», *O. C.*, p. 371.
4. J.-P. Sartre, *Mallarmé*, Paris, Gallimard, 1986, p. 29 et sv.

«l'art pour l'art», Sartre ignore (ou veut ignorer) cet autre courant littéraire visant la sacralisation poétique du fondement du politique. Mallarmé recueille cette scission au terme du siècle, résultat du travail de l'histoire et des mœurs qui se concluera en 1905 par la loi de séparation de l'Eglise et de l'Etat. Mais il ne s'agit pour lui que d'une «éclipse», certes durable, imposant néanmoins que le poète, œuvre modestement et discrètement pour le futur, en l'attente d'une nouvelle réconciliation du peuple et du cosmos sacré. Nous savons pourtant que l'univers se dégrade. L'escalier entropique du futur tel que nous l'avons interprété dans «Igitur»[1] pouvait sembler conduire à un pessimisme total quant à l'avenir de l'espèce humaine. Il en allait de même du contenu des connaissances. Le futur de la science ne serait plus que sa reproduction, la diffusion démocratique mais stérile des savoirs ou leur application technique. Tout en s'inscrivant indéniablement dans cette vision d'un avenir «dégradant» de l'intelligence analytique et technique ayant partie liée avec l'hédonisme moderne, Mallarmé cherche néanmoins, avons-nous vu dans le chapitre précédent, à s'unir à cette «âme» du siècle qui le rejette, pour en comprendre l'évolution et, surtout, préparer une reconversion de cette âme à l'écoute d'une éthique de l'esprit concret. Que, du point de vue de son contenu scientifique, l'interprétation du poète n'attende plus rien de fondamentalement neuf dans l'avenir est une chose; reste l'espoir d'un retour à la fondation éthique de la praxis.

Mallarmé fut contemporain de l'avènement du mouvement démocratique de la seconde moitié du XIXᵉ siècle en France. Il a sept ans en 1848, lorsque s'achève la monarchie de juillet et que naît la seconde république. De 1852 à 1870, c'est le second Empire. Cette période correspond assez exactement à celle où Mallarmé se forme et publie ses principales œuvres. De 1870 à la fin de sa vie, il assiste au développement de la troisième république et procède à d'attentives réflexions sur la politique et les moyens de lui redonner une valeur sacrée dans un contexte démocratique. L'écrivain y aurait un rôle irremplaçable à jouer. Seule, selon le poète, la vision d'un monde transcendant pourrait sacraliser une démocratie qui, pour l'heure, ne donne qu'une signification «laïque» à la recherche de l'autonomie politique. Contemporain de ce mouvement d'émancipation, Mallarmé ne le condamne pas tant que le laïcisme radical qui l'accompagne : «une prétention qui se targue de laïcité sans que ce mot invite un sens,

---

1. Sur «l'escalier du temps» dans le Château d'Igitur, cf. plus haut, ch. II, 2, a, «Igitur ou l'escalier du temps».

lié au refus d'inspirations supérieures »[1]. Au cours des événements que nous avons rappelés et qui ont scandé la vie du poète, il assiste à l'affrontement théorique et pratique des deux modèles de démocraties se partageant l'enjeu de la seconde moitié du siècle. En admettant même, comme on a tenté de le montrer[2], que les « républicains » (Gambetta, Ferry) aient élaboré un troisième modèle cherchant à concilier les exigences libérales de liberté individuelle, et celles, chères aux socialistes, de solidarité économique, ils n'ont pu offrir à notre auteur, si l'on songe précisément à l'œuvre de Ferry et Gambetta dans les années 1880, que la séparation consommée de la démocratie et du sacré religieux. C'est de ce constat lucide de désacralisation du lien politique que part la réflexion de Mallarmé, dans un ensemble de textes révélateurs[3]. Or, si l'autonomie politique ou la « souveraineté populaire », même envisagée d'un point de vue républicain, n'avait qu'une signification « exclusivement laïque »[4], elle représenterait toujours, du point de vue des fins dernières, l'utilitarisme, avec sa tendance « hédoniste » abstraite dénoncée plus haut dans l'interprétation de « Prose ». La seule supériorité de la démocratie « laïque » vis-à-vis d'un hédonisme individualiste est de consentir à distribuer collectivement les bienfaits de la technique et à partager les plaisirs. Ainsi, l'avènement de la démocratie, que cette dernière soit libérale, socialiste ou républicaine, est l'instauration d'une «... ère dispensatrice, je veux, du bien-être terrestre ou d'aisance plénière »[5]. Un tel partage démocratique a pour conséquence d'intensifier la dévastation consommatrice de la Terre et sa désertification par une espèce humaine devenue stérilement jouisseuse. Il est nécessaire de souligner que ces deux fléaux « démocratiques » n'ont fait, après Mallarmé, que nous accabler toujours davantage. L'absurdité d'un tel comportement est évidemment associable, si nous revenons à la réflexion de Mallarmé, au « laïcisme » qui, selon lui, « n'invite pas de sens ». Entendons que, si ce laïcisme a bien une signification intelligente analysée, il ne s'intègre pas à une signification cosmologique transcendante qui permettrait de comprendre la pratique humaine à partir d'un Tout qui la dépasse. Si l'homme parvenait à se convaincre

1. « Offices », O. C., p. 392.
2. Luc Ferry et Alain Renaut, *Philosophie politique*, Paris, PUF, Recherches politiques, III, l'idée républicaine. Il faut tenir compte aussi de Barni, Vacherot, J. Simon.
3. Essentiellement : « Variations sur un sujet » (O. C., p. 355-422) et « La Musique et les Lettres » (O. C., p. 635-660).
4. « Variations », Offices, O. C., p. 397.
5. *Ibid*, p. 392.

que les choses et les espèces vivantes de la Terre étaient pourvues, en dehors de lui, d'une autonomie absolue et divine, il comprendrait raisonnablement en elles l'origine de sa propre autonomie «spirituelle» (politique, par exemple) et sacraliserait pratiquement le respect de son milieu terrestre de même que le développement de son espèce dans le temps. En l'absence d'une telle conviction d'être un partenaire avec d'autres êtres autonomes au jeu sacré du Monde, il ne voit aucune raison de limiter pratiquement sa dévastation du milieu et sa stérilisation de soi, de même que, théoriquement, il ne peut comprendre que son autonomie spirituelle puisse avoir une valeur «absolue». On voit donc que ce n'est pas l'avènement de l'autonomie de la pratique politique que Mallarmé condamne comme tel. Cet avènement représente, vis-à-vis du principe «aristocratique» (grec) ou «monarchique» (de l'Europe à l'âge classique), un progrès évident, à l'intérieur de la pratique humaine. A la domination «particulière» du groupe ou de l'individualité sur le peuple, le principe démocratique substitue l'auto-réflexion, la domination de l'Idée du tout social (de l'intérêt général) sur la réalité des parties. En ce sens, elle se fait «mimésis» du jeu du Monde. Mais à ne fonder la valeur du principe d'autonomie que sur «les partages du bienfait terrestre» et de «l'aisance plénière», l'humanité est impuissante à se rattacher, en continuité, à une autonomie déjà présente dans la nature. Si par le terme de «sacré», médité par Mallarmé, on entend la présence du Verbe transcendant dans l'immanence des étants mondains, origine de l'écart entre leur réalité externe et leur devoir-être interne, l'autonomie politique n'est pas sacrée par elle-même, mais en ce qu'elle continue et dépasse l'intériorité sacrée de la nature. L'autonomie de la praxis, de l'action de soi sur soi, est la forme même de la règle du jeu pour tout étant, règle dont l'homme hérite et qu'il reprend sur son mode propre, en tant que «terme» du jeu mondain. C'est en ce «sens» que le pacte social est sacré. Mais, séparé de son fondement et du poète qui peut en dire le sens, ce pacte est «déchiré»[1]. Une autonomie républicaine se pratiquant et se pensant comme «indépendante» de l'autonomie du monde est doublement fragile. Théoriquement d'abord, elle ne se comprend pas «dans» le monde; pratiquement, ensuite, elle risque de se supprimer elle-même, son espèce et son milieu[2].

---

1. «Crayonné au théâtre», *O. C.*, p. 314.
2. Cf. A. Stanguennec, Discussion de Patrice Thomson : «Mallarmé, la Cour, la Révolution», in *La révolution française dans la pensée européenne*, Ed. L'Age d'Homme, Lausanne, 1989, p. 165-169.

Ainsi devrait être entendue l'affirmation du poète : «... arrivé dans un temps où le devoir qui lie l'action multiple des hommes existe, mais à (son) exclusion (ce pacte déchiré parce qu'il n'exhiba point de sceau»[1]. Le «sceau» est tout à la fois «signe» et «marque» authentifiant le contrat social. Ce signe ou cet ensemble de signes authentifiant est le discours du monde et, au premier chef, celui du poète. Le devoir de lier l'action des hommes à la compréhension de soi dans le Tout existe, mais il est l'objet d'une exclusion de la part du pur «laïcisme», version collective de l'hédonisme analytique. Nous avons étudié plus haut la manière dont Mallarmé évoque les relations du lien social et du sacré au cours de l'histoire de l'Europe[2]. Le mythe, d'abord, dans les sociétés de la Grèce et de la Rome antiques[3], la religion catholique, ensuite[4], ont sacralisé mondainement le lien social et politique. Mais celui-ci n'avait alors aucune autonomie pratique, puisque le principe de la souveraineté populaire, issue du pacte social, n'était pas reconnu. Le droit naturel moderne, contractualiste, fonde le lien politique sur l'autonomie du Soi humain, mais d'une manière telle qu'il la rend indépendante de toute transcendance mondaine, de «... la Divinité qui n'est jamais que soi»[5], expression à entendre alors, selon nous, non dans le sens d'une réduction du divin au Soi humain, mais, à l'inverse, d'une compréhension du «sujet» humain dans un «Soi» divin, intramondain. Mallarmé n'ambitionne cependant nullement de restaurer une fondation «théologique» du politique et ce, pour deux raisons essentielles. D'une part, nous le savons, il prône une «athéisme théorique» en distinguant soigneusement le divin ou le Verbe et Dieu, «ce vieux et méchant plumage terrassé»[6]. D'autre part, et sur un plan pratique, il est parfaitement convaincu de l'éclipse durable du sentiment du divin dans l'activité politique, dès le XVIIIᵉ siècle, et du déclin social de la religion «... à l'abandon depuis»[7]. Sa position, plus complexe, participe d'un projet partagé par nombre de penseurs

1. *O. C.*, p. 314.
2. Cf. plus haut, ch. II, 2, l'homme cosmomorphe et les mythes fondateurs de l'éthique.
3. L'ouvrage *Les Dieux antiques* (O. C., p. 1157-1278) traduit et résume l'ouvrage de l'anglais G. Cox. Il ne saurait être tenu pour la conception personnelle que Mallarmé se faisait des mythes. Cox est encore théologien. Mallarmé élague ces thèses et parle de «divinité» présente en l'homme. La «tragédie de la nature» (O. C., p. 1169) est une note de Mallarmé.
4. Catholicisme, *O. C.*, p. 390-391.
5. *Ibid.* p. 391.
6. *Corr.* I, p. 241.
7. «De même», *O. C.*, p. 397.

sociaux et d'écrivains de la seconde moitié du siècle, visant à résoudre un problème qui est encore le nôtre. C'est celui que pose l'autonomie dans la dépendance vis-à-vis d'un sacré, d'une transcendance dans l'immanence d'un Soi pré-subjectif, anté-humain.

Ce projet, au XIXᵉ siècle, prend la forme d'une «... promotion de la littérature au rang de pouvoir spirituel des temps modernes»[1]. Etudiant cette fonction de sacralisation éthique de la poésie à travers le siècle, P. Bénichou ajoute que «... cette conception d'un spectacle total, métaphysique à son plus haut niveau, collectif et populaire dans son audience, devait hanter longtemps les tenants du sacerdoce poétique. L'irréalité même de ce Rêve le protégea. On le vit revivre chez les poètes symbolistes, à la suite de Mallarmé, en un temps où la poésie et le public étaient plus que jamais divorcés l'un de l'autre, comme promesse d'avenir et consolation d'un présent solitaire»[2]. Ajoutons que ce problème de la fondation éthico-poétique du politique a été négligé par Sartre dans ses études sur Mallarmé. C'était pourtant le sens des remarques sur «la traversée» du tunnel de l'époque, «celui, long, le dernier, rampant sous la cité avant la gare toute-puissante du virginal palais central qui couronne»[3]. Cette gare toute-puissante, à la sortie du tunnel de l'époque, représente le pouvoir démocratique qui se sera convaincu, grâce à l'œuvre du poète, qu'il doit être la mimésis d'une autonomie se jouant d'abord dans le monde. Mallarmé est donc lucidement conscient de ce qu'on a pu nommer le «... tragique inhérent à la dynamique même de l'individualisme démo-cratique ... celle de l'érosion progressive des contenus traditionnels de la religion et de la philosophie»[4]. Peut-être sera-t-il rendu justice, à la sortie du long tunnel, à l'élaboration souterraine d'une nouvelle fondation, à son «... recueillement à préparer l'édifice de haut verre essuyé d'un vol de la Justice»[5]? Car, face à «l'injonction»[6], c'est-à-dire au «devoir» qu'éveille son «concept auguste»[7], les discours pragmatiquement hédonistes de l'ère d'autorité ne sont qu'un «... agencement vulgaire, usurpant cette injonction profitable»[8]. C'est

1. P. Bénichou, *Le temps des prophètes*, Paris, Gallimard, 1977, p. 7.
2. *Ibid*, p. 305.
3. Mallarmé, L'action restreinte, *O. C.*, p. 371-372.
4. L. Ferry et A. Renaut, *Heidegger et les modernes*, Paris, Grasset, 1988, Le tragique de la modernité, p. 174.
5. Mallarmé, *O. C.*, p. 372.
6. «Sauvergarde», *O. C.*, p. 419.
7. *Ibidem*.
8. *Ibid*.

qu'en effet, un grand dommage a été causé à «l'association terrestre»[1] de lui indiquer la cité et ses gouvernements autrement que comme emblèmes, symboles représentant à leur manière le jeu mondain. Ce n'est donc pas d'abord «ici bas»[2], où semble s'en résumer l'application que se produisent originairement les formes qui édictent un culte populaire. Non : elles sont «... représentatives de la Loi sise en toute transparence, nudité et merveille»[3]. Dès lors, «un gouvernement mimera pour valoir celui de l'univers; lequel est-il monarchique, anarchique, ... Aux conjectures»[4]. De tels textes – on est tenté d'écrire : de telles «thèses» – réduisent à néant la fiction sartrienne d'un Mallarmé désengagé, à l'instar des partisans de l'art pour l'art; bien plus : «sauf aux yeux intéressés à ne rien voir»[5], réfutent-ils par avance toute interprétation «positiviste» ou «fonctionnaliste» de la «fiction» d'une religion de l'humanité. Bertrand Marchal a particulièrement bien montré que, pour Mallarmé, «l'autonomie du social comporte un risque majeur ou induit une tentation, celle, pour cette structure nouvelle, désormais coupée de son fondement religieux, de se refermer sur elle-même, pour s'ériger en absolu»[6]. Trop commode paraît alors, en se donnant les moyens de déborder – avec quelle prudence anthropocentriste – l'absurdisme sartrien l'apparente prise en compte de la pensée politique de Mallarmé qui tournerait à la compensation «fictive», à la «consolation» sociale. C'est bien pourquoi l'interprétation de la «fiction» que propose B. Marchal ne nous paraît pas plus satisfaisante. La fiction relèverait exclusivement de l'anthropologie appréhendant l'homme comme «animal symbolique»[7], doué de la «fonction symbolique», puisque pour Mallarmé, «la fiction semble être le procédé même de l'esprit humain»[8]. Selon nous, la fiction, idéalité exprimée, n'est chez Mallarmé que le mode humain d'une idéalité immanente à tout étant, en dehors même de l'humanité. C'est par cette interprétation cosmologique du fondement de la fiction que nous nous séparons de l'interprétation de B. Marchal, à notre sens encore trop anthropocentrée.

1. «La Musique et les Lettres», *O. C.*, p. 653.
2. *Ibid.*
3. La Musique et les Lettres, *O. C.*, p. 653-654.
4. *Ibid*, p. 656.
5. Sur le théatre, *O. C.*, p. 876.
6. B. Marchal, *La religion de Mallarmé*, Paris, Ed. José Corti, 1988, p. 388.
7. Ouvrage cité, p. 89 : «l'homme n'est rien d'autre qu'un animal capable de fiction, un animal symbolique».
8. *O. C.*, p. 851. Nous avons plus haut donné notre interprétation cosmologique du symbolisme de la liberté intra-mondaine.

Mais il ne suffit pas de dénoncer la trop facile omission de l'engagement du poète en la recherche d'une pensée du monde sensé – contre Sartre – fondant autrement qu'humainement le sacré de la chose publique . Encore faut-il reconnaître, concernant les rapports entre politique et poésie, une véritable rupture opérée par les textes de la maturité (1895, «La Musique et les Lettres», «L'action restreinte») vis-à-vis des affirmations de jeunesse dans «L'action pour tous» (1862) : Sartre semble avoir figé la pensée de Mallarmé en 1862.

Il paraît impossible de faire du texte de 1862 l'état définitif de la conviction du poète. Un bref examen comparatif des écrits, distants de vingt-trois ans, peut en convaincre. Dans le premier, la poésie est considérée comme «un mystère accessible à de rares individualités»[1] et l'erreur de la culture moderne consisterait à la donner à lire au peuple. Au contraire : «il faudrait qu'on se crût un homme complet sans avoir lu un vers d'Hugo... La multitude y gagnerait ... des heures qu'elle dépenserait activement et dans un but pratique»[2]. Le point culminant de ce purisme : «l'homme peut être démocrate, l'artiste doit rester aristocrate»[3].

La démocratie n'a ici, pour fonder sa «praxis», rien à attendre de la poésie qui reste enfermée dans le champ clos d'une aristocratie d'esprits initiés. L'enseignement scolarisée de la poésie et son édition «à bon marché» sont les deux vices, aux yeux d'un Mallarmé de vingt et un ans qui en est, avec cet article, à ses toutes premières publications. «A ce mal, du reste, les poètes et les plus grands ne sont nullement étrangers»[4]. Le jeune Mallarmé reproche en particulier à Hugo de rendre la poésie populaire et de viser à fonder poétiquement le mouvement des républiques modernes. A l'inverse, Baudelaire se satisfait pleinement «d'un monde où l'action n'est pas la sœur du rêve»[5] et en 1863, deux ans après la parution des «Fleurs du mal», une lettre à Cazalis[6] stigmatise violemment Hugo et loue le détachement de Baudelaire.

Dans «L'action restreinte», Mallarmé, qui mourra trois ans plus tard, atteignait la pleine maturité de sa réflexion sur le politique. A l'intention d'un «camarade»[7] lui confiant son besoin d'agir, il se livre

1. *O. C.*, p. 259.
2. *Ibid.*
3. *Ibid.*
4. *Ibid.*
5. «Reniement de Saint-Pierre», Fleurs du Mal, in *Œuvres*, Paris, Laffont, Bouquins, 1980, p. 91.
6. 3 Juin 1863, *Corr.*, I, p. 90.
7. «L'action restreinte», *O. C.*, p. 369.

à une méditation toute comparable par sa profondeur à celle du début
de la «Lettre sur l'humanisme» de M. Heidegger. Ce camarade vint
plusieurs fois confier au poète son «besoin d'agir». «Que visait-il ...
j'insiste, qu'entendait-il expressément?»[1], se demande Mallarmé dès
les premières lignes. Quant à la «Lettre...», elle débute ainsi : «nous
ne pensons pas encore de façon assez décisive l'essence de l'agir»[2]. Il y
a deux genres d'action selon le poète. L'une, toute physique, ou bien
liée à des conventions sociales : se détendre les poings, faire de la
bicyclette, «fumer»[3]. Heidegger écrit dans le même sens : «on ne
connaît l'agir que comme la production d'un effet dont la réalité est
appréciée suivant l'utilité qu'il offre»[4]. Le second genre de l'action,
selon le poète, est de produire «sur beaucoup»[5] un mouvement qui
donne à son auteur, en retour, l'émoi d'en être vraiment le principe,
donc d'exister, «ce dont, ajoute-t-il, nul ne se croit, au préalable,
sûr»[6]. Ici, le relais par Descartes, déjà emprunté dans l'étude du
symbolisme comme «méthode» poétique, est à reprendre. «Il faut,
disaient les Notes de 1869 sur le langage, reprendre son mouvement»[7].
Ce mouvement est celui du doute portant sur le «Je» lui-même qui
selon Hegel, n'est que subjectivement «certain» de lui-même
réflexivement, tout en manquant de «vérité» objective. Il est vrai que
la certitude du «Je pense» n'a d'abord qu'une vérité intérieure et
singulière pour le sujet qui se réfléchit ainsi lui-même : «toutes les
fois que je la prononce, ou que je la conçois en mon esprit»[8], écrivait le
philosophe français . C'est bien pourquoi, selon Descartes, l'ego ne
trouvera qu'en Dieu la garantie absolue d'une vérité que le «je» n'est
que pour soi. Dès que «je» ne pratique plus l'intuition réflexive du
«cogito ergo sum», «je suis tout aussitôt saisi par le doute»[9]. Dieu
sera donc le fondement de la vérité en soi, extérieure et universelle, du
cogito. Hegel s'était emparé de ce doute «inquiet». Aux dires de
Mallarmé : «nous n'avons pas compris Descartes, l'étranger s'est
emparé de lui...»[10]; pourtant, «il faut reprendre son mouvement»[11];

1. *Ibid.*
2. M. Heidegger, *Lettre sur l'Humanisme*, trad. R. Munier, Aubier, p. 27.
3. Mallarmé, *O. C.*, p. 369.
4. M. Heidegger, *Lettre*, p. 27.
5. *O. C.*, p. 369.
6. *O. C.*, *Ibidem.*
7. Notes, *O. C.*, p. 851.
8. Descartes, Seconde méditation, *Œuvres*, Paris, Pléiade, p. 2795.
9. M. Gueroult, *Descartes, selon l'ordre des raisons*, Paris, Aubier, I, p. 157.
10. Mallarmé, Notes, *O. C.*, p. 851.
11. *O. C.*, *Ibid.*

« du reste, le mouvement hyper-scientifique ne vient que d'Allemagne...»[1]. Et, en effet, ce n'est pas en un Dieu transcendant que Hegel place la vérité objective du cogito, mais dans la communication des consciences, en l'Esprit (der Geist) : «dans le langage, la singularité étant pour soi de la consciebnce de soi entre comme telle dans l'existence, en sorte que cette singularité est pour les autres...»[2]. Cependant toute «conversation»[3], aux dires de Mallarmé, ne produit pas le savoir de soi de l'esprit. D'un côté, l'écriture, mieux que la parole est le dieu qui nous juge, et touche un maximum d'autres Soi, de même que, par lectures, critiques et commentaires, le retour de l'auteur s'y assure au mieux. Mais l'écriture, «action restreinte» aux effets du discours, est de deux sortes. Il y a l'écrit d'opinion, passionnel, journalistique, l'universel reportage «de résultat nul»[4], pour n'avoir dit que la particularité d'un moi égocentré. La seconde sorte d'écriture est celle du poète, tourné vers l'universel mondain. Cette écriture est acte réflexe spirituel, à l'opposé de la perte de soi dans l'autre que serait la passion hédoniste multipliée par les «journaux» : «penser, cela»[5], «méditer»[6].

Parrallèlement, selon M. Heidegger, «l'essence de l'agir est l'accomplir»[7], et, en tant qu'elle accomplit la relation de l'être à l'essence de l'homme dans le langage, la pensée agit : «la pensée agit en tant qu'elle pense»[8]. Tandis, néanmoins, que, chez Mallarmé, le dire de l'être (du Monde) semble motivé par le désir de l'homme d'être reconnu comme Soi, à l'inverse, chez le penseur allemand, «... c'est l'être lui-même qui, désirant, a pouvoir sur la pensée et par là sur l'essence de l'homme»[9]. Pourtant Mallarmé rejoint, avec sa méthode réflexive et rationnelle – la «fiction» poétique – l'antériorité «en soi» du désir de l'être, posée par Heidegger. Si dans l'ordre du connaître, le désir de reconnaissance de soi dans l'autre par la médiation du dire poétique de l'être du Monde est premier, c'est, dans l'ordre de l'être, le Verbe qui s'est nié en nature et vie, en «long désir»[10], motivé par «la peur qu'a d'elle-même ... la métaphysique et

1. *Ibid.*
2. Hegel, *Phénoménologie de l'Esprit*, trad. citée, II, p. 69.
3. Mallarmé, notes, *O. C.*, p. 852.
4. L'Action restreinte, *O. C.*, p. 369.
5. Mallarmé, *O. C.*, p. 369.
6. *Ibid.*
7. M. Heidegger, *Lettre*, éd. citée, p. 27.
8. *Ibidem*, p. 29.
9. *Ibidem*, p. 37.
10. Mallarmé, «Prose», *O. C.*, p. 56.

claustrale éternité »[1]. Ainsi, tant chez le poète français que chez le penseur allemand l'essence de l'agir est bien la pensée et la méditation en tant que reprises humaines d'un désir dont l'être est le sujet «avant» d'en être l'objet dans le dire humain. Seules diffèrent les démarches et les thèses sur l'être qui, en l'un et l'autre cas, conserve l'initiative. Mallarmé ne fait pas confiance à une «inspiration» immédiate et irrationnelle, à la pure réceptivité d'un «don» de l'Etre. Sa conception de l'action est rationnellement réflexive. C'est en partant d'un jugement de réflexion sur l'autonomie de l'action et du savoir humain que le poète «risque» une hypothèse, selon lui la plus «probable», sur le jeu du Monde qui en serait l'origine. Le penseur de la «Lettre» condamne, au contraire, comme «humaniste», tout primat réflexif de l'autonomie humaine dans la démarche du poète.

Mallarmé, en sa maturité, estime que l'homme moderne, celui du peuple des démocraties, retrouvera peu à peu, dans ses lectures privées ou publiques de poèmes éthiques, le sens du monde. Dans la suspension actuelle de la pensée du monde – l'époque de l'épochè – le poète, individualité créatrice, prépare la réconciliation de l'homme et du monde par le moyen de l'œuvre. L'œuvre du poète, à présent dissimulée par le flot des écrits journalistiques disant l'éphémère particularité d'événements et de parti-pris que boit avidement la masse, ne peut toucher cette dernière : «je travaille follement et j'étudie partout les fragments d'un théâtre nouveau ... que je prépare de mon côté; quelque chose qui éblouisse le peuple souverain»[2]. Aussi l'attente du poète est-elle agissante, même s'il «... n'est pas de présent, non, un présent n'existe pas ... faute que se déclare la foule, faute de tout»[3]. «Entre-deux», donc, «quand du passé cessa et que tarde un futur»[4]. Dans cet entre-deux, Mallarmé affirme à son jeune ami pressé d'agir que «tout ce qui est maintenant offert à l'idéal»[5], tout «véhicule» ou «placement» culturel est contraire, ou, pour le moins, inadéquat à l'action véritable de l'Art attendu, dont l'action est «restreinte», pour l'heure, à ceux qui le préparent discrètement, en marge des célébrations «culturelles» de l'ère d'autorité. Ainsi en est-il de la plupart des associations et «animations» culturelles où l'on prétend développer démocratiquement le sens esthétique de l'enfant. En fait, il

1. Catholicisme, O. C., p. 391. Sur la postulation probabiliste du désir du Verbe, cf. plus haut, I, ch. II, L'homme cosmomorphe.
2. Lettre du 28 décembre 1877, Corr., II, p. 159.
3. «L'action restreinte», O. C., p. 372.
4. Ibidem.
5. Ibid, p. 371.

s'agit le plus souvent de briser son authentique élan en direction du sacré. «L'instinct de ciel en chacun»[1], le désir du Tout de l'Idée symbolisée sont soigneusement canalisés, «dévoyés», désacralisés par leur investissement anthropocentré : «tout cela ressemble à une spéculation sur ta pudeur, sur ton silence»[2]. Dans ses chants, ses danses, l'enfant apprend peu à peu à identifier l'art avec l'expression individuelle ou collective d'une humanité séparée de toute référence à un monde autre, à cette transcendance dans l'immanence intra-mondaine qu'est le jeu sacré.

Mallarmé cherche à préciser la forme et le contenu que doit prendre cette fondation poétique de l'autonomie du «peuple souverain». Ses réflexions sur le «Livre»[3] sont, avons-nous vu, de forme rationnelle, à la différence de la méditation heideggerienne. Elles le conduisent à faire du Théâtre la forme du poème populaire moderne : «la Littérature reprise à sa source, qui est l'Art et la science, nous fournira un théâtre dont les représentations seront le vrai culte moderne»[4]. Pour percevoir l'importance de ce projet, il convient de se souvenir de ce que fut l'histoire de l'art selon Mallarmé. Le mythe confondait syncrétiquement le sentiment du beau et du divin, en sacralisant des sociétés sans autonomie politique. Puis, la scission entre le sentiment du divin (la religion) et le sentiment esthétique (l'art) se produisit. L'esthétisation du sensible est allée de pair avec son objectivation (la science), indépendamment de sa signification religieuse, à l'âge classique, puis moderne. L'indépendance de l'art comme de la science, conférant tous deux une signification autonome au sensible, indépendamment de la religion, n'est que l'ultime phase de cette seconde période. La religion, «à l'abandon depuis»[5], échoue à sacraliser l'autonomie morale et politique de l'humanité. L'art est devenu «purement» esthétique, totalement détaché de tout intérêt théorique ou pratique intramondain. Cet esthétisme, certes, est «ludique» (cf. Kant). Mais il s'agit du «libre jeu» de l'imagination[6], et des facultés humaines en général. Kant, par la médiation du symbolisme des Idées esthétiques, les rattache encore à une «ontologie

---

1. «Si dans l'avenir, en France, ressurgit une religion, ce sera l'amplification à mille joies de l'instinct de ciel en chacun» («La musique et les lettres», *O. C.*, p. 654).
2. *O. C.*, p. 371.
3. Cf. *Le Livre* de Mallarmé, Introduction et présentation de J. Scherer, Paris, Gallimard, Seconde édition, 1977.
4. «Sur le Théâtre», *O. C.*, p. 875.
5. Catholicisme, *O. C.*, p. 397.
6. Kant, *C. F. Juger esthétique*, Analytique, § 9.

de la liberté»[1]. Mais, après lui, l'abstraction anthropocentrée de l'art se séparera de tout symbolisme éthique. Mallarmé envisage, après ce «tunnel» du ludisme esthétique, une prochaine «époque», à préparer. L'art, instruit des sciences modernes, réfléchissant à partir d'elles, retrouverait le sens du «sacré». Sacraliser poétiquement l'autonomie rationnelle de la science et de la pratique modernes en fondant la méthode fictive qui idéalise l'une et l'autre en leurs objets, telle est la tâche. Dans cette vocation se substituant à la religion déclinante, c'est la forme «théâtrale» de l'art qui, pour Mallarmé, devient prépondérante. Cette promotion cosmologique du Théâtre moderne avait été amorcée à la fin du XVIIIᵉ siècle et au début du XIXᵉ siècle, aussi bien par le romantisme allemand que par le romantisme français. A propos de l'Allemagne, Carlyle remarquait dès 1825, que, de la scène les Allemands parlent «... comme d'un nouvel organe susceptible de raffiner les cœurs et les esprits, une sorte de chaire laïque, alliée vénérable de la chaire sacrée, et peut-être mieux adaptée encore, pour exalter certains de nos sentiments les plus nobles..., s'adressant aux yeux par ses pompes et ses décors, aux oreilles par ses harmonies, au cœur et à l'imagination par ses embellissements ... comme si la scène était destinée à remplacer quelques unes des illusions sublimes que le progrès de la raison est en train de chasser de la terre, comme si son apparat, ses allégories, sa présentation figurative des choses, pouvaient fournir à la nature humaine une part de cet aliment vivifiant que nous dérivions naguère des superstitions et des mythologies d'époques plus obscures»[2]. Ce long extrait mérite d'être cité car, de façon remarquable, tous les éléments s'en retrouvent chez Mallarmé : l'idée de la substitution de l'art à la religion, inévitable en raison des progrès parallèles de l'art et de la science; l'idée d'un art total, d'où la similitude du théâtre mallarméen et de l'opéra wagnérien, méditée par Mallarmé; l'idée, enfin d'un retour réfléchi, non naïf, sur la base de l'art et de la science modernes, à la fonction de sacralisation du lien social qu'opéraient «des mythologies d'époques plus obscures».

Venons-en au «contenu» du théâtre requis. Il n'y a qu'analogie, correspondance entre l'opéra wagnérien et lui. Mallarmé s'en explique : «si l'esprit français jette un éclat, ce ne sera pas ainsi»[3].

1. Sur les symboles mallarméens comme Idées esthétiques de la liberté, cf. plus haut, I. ch. II.
2. Cité par E. Newman, *The life of R. Wagner*, Cassel, Londres, 1936-1949, tome II, p. 126. Ces textes et thèmes sont mentionnés par Ph. Muller in *Prévision et amour*, tome II, L'Age d'homme, Lausanne, 1985, p. 138 et p. 155.
3. Mallarmé, «R. Wagner», *O. C.*, p. 544.

L'esprit français «répugne ... à la Légende»[1], nationale, reçue passivement en l'Esprit du peuple selon le romantisme allemand. Cartésien, l'esprit français inventera un mythe abstrait, cosmique, non national, construit par analogies «formelles». La représentation théâtrale y sera le «... sacre d'un des actes de la civilisation»[2]. On y verrait mal Brünnhild, «ou qu'y ferais-tu Siegfried!»[3]. La «fable», envisagée comme fiction régulatrice, sera empruntée «... au sens latent de tous ... inscrite sur la page des Cieux et dont l'histoire même n'est que l'interprétation»[4]. Ainsi, la «légende», ce mythe historique national auquel se rattache l'opéra wagnérien, est «déjà» une interprétation dérivée de la «Fable» cosmique. Le contenu du Théâtre sera décidément cosmique. Nous avons dégagé, plus haut, sa structure tripartite, à partir des «Notes» pour le Livre que le Dr. Bonniot a citées et commentées en Préface à l'édition d'Igitur[5], et malgré l'absence de datation, «il n'est pas déraisonnable, écrit J. Scherer, d'en placer la rédaction aux dernières années de la vie du poète»[6]. Il faut partir de la signification cosmique du drame selon Mallarmé : «cette pièce écrite au folio du ciel et mimée avec le geste de ses passions par l'homme»[7]. L'opération du poète, puis du lecteur de la «pièce» consiste à «dégager» l'hymne du monde et du ciel, puis à en saisir l'identité avec le geste des passions humaines. Ces passions se ramènent au désir de l'autonomie, de la domination du soi universel sur les particularités de l'égoïsme social au moyen de la loi d'intérêt général, expression du «peuple souverain». Du prêtre catholique en l'Office, déjà, Mallarmé écrivait qu'il «... désigne et recule la présence mythique avec qui on vient se confondre»[8]. Après la mort de Dieu, entendu comme personnalité purement transcendante au monde, il est nécessaire d'affirmer le milieu divin du sacré, le jeu de la transcendance en l'immanence de la nature et dans le «peuple» souverain. Ainsi est «sacrée» la souveraineté du peuple. Il s'agit bien toujours de «se confondre» – de s'identifier – avec la présence que le poète, nouvel «officiant», désigne, et, néanmoins, «recule» en la

---

1. *Ibid*, p. 544.
2. *Ibidem*.
3. *Ibidem*., note.
4. *Ibid*.
5. *O. C.*, p. 423.
6. «Le livre», Introduction de J. Scherer, p. 152.
7. *O. C.*, p. 294.
8. *O. C.*, p. 396.

désignant comme transcendance dans le monde : «Identité (Idée) Soi-du Théâtre et du Héros à travers l'Hymne»[1], identité du monde et de l'homme à travers le chant du poète.

***

Nous avons tenté d'expliciter cette fondation poétique du politique. Il nous appartient de l'évaluer, car nous vivons encore, un siècle après Mallarmé, dans la séparation du politique et du cosmique, en quelque sens que l'on entende le monde interprétable que l'homme projette idéalement et dans lequel il est lui-même situé. La «dynamique» du monde démocratique n'a fait, depuis Mallarmé, que s'amplifier. Les trois modèles politiques contemporains du poète – libéralisme, socialisme, républicanisme – demeurent, pour l'essentiel, les mêmes. La question du fondement cosmologique posée par Mallarmé et résolue dans le sens que l'on a vu, se fait toujours plus aiguë. Si l'autonomie pratique et théorique du politique demeure anthropocentrée, si le monde comme totalité transcendante ne contient pas, d'une certaine manière, le fondement originaire de cette autonomie, en bref, si le seul jeu de la liberté humaine est sacré dans un monde désacralisé, cette liberté semble bien vouée à se nier, c'est-à-dire à se contredire elle-même. Ce qui «supporte» la liberté, la substance de la vie naturelle, ne peut, en effet, dans cette visée, avoir aucune valeur en soi. Il peut s'ensuivre une consommation effrénée du milieu spatial («la dévastation de la Terre «) et la stérilisation jouisseuse de l'espèce dans le temps («le désert croît»). Or, tels sont les deux aspects de l'éthos, de la «demeure» de la vie : «l'habitat» spatial du milieu et le «maintien» de soi de l'espèce dans le temps. Dans la mesure où l'éthique se définit comme la reconnaissance de soi de la liberté dans l'éthos de la nature et de la vie, cette liberté anthropocentrée ne peut que méconnaître l'autonomie du Soi de la vie, et avec la perte du sens éthique, que détruire sa propre substantialité. Et cela, parce qu'elle ne reconnaît pas dans l'autonomie de la vie le fondement de sa propre autonomie, laquelle n'a fait que donner une forme spécifiquement humaine au jeu réfléxif de cette vie naturelle. Prétendre que l'intelligence «prudente» d'un humanisme anthropocentré suffirait à enrayer la tendance peut sembler beaucoup plus naïf, en dernière analyse, qu'une réflexion éthique cosmocentrée telle que nous la propose Mallarmé. Pour que l'auto-suppression de la liberté substantielle soit renversée, il conviendrait d'avoir un projet pour la

1. *O. C.*, p. 428

totalité du milieu de vie, pour la totalité indéfinie du cours de l'espèce dans le temps. Les tentatives de prudence «isolées», visant, ici ou là, quelques réparations «écologiques» locales, quelques encouragements à la renatalisation des démocraties avancées, semblent dérisoirement minimes et lentes, comparées à la vitesse de dévastation et de désertification de la Terre. Faire de Mallarmé un poète éthique dont la rigueur de pensée mène à la question «écologique» ne paraît nullement «incongru»[1]. Nous sommes toujours dans le «tunnel» de l'époque, celle de l'épochè du monde sacré. Travailler, dans ce tunnel, à la sacralisation raisonnée du monde constitue la possibilité d'une troisième voie, moins naïve que celle de la prudence humaniste d'une démocratie autarcique, et plus acceptable qu'une pensée qui, malgré la proximité du thème, prône «l'attente»[2] irrationnelle d'un nouvel «envoi» de l'Etre.

1. Cf. La question de R. Schérer : «Heidegger aura-t-il été en fin de compte le premier théoricien de la lutte écologique?», in *Heidegger*, Paris, Ed. Seghers, 1973, p. 5.
2. Cf. M. Heidegger, «Sérénité», in *Questions III,* Paris, Gallimard, p. 188 : «nous ne devons rien faire, seulement attendre».

BIBLIOGRAPHIE

ŒUVRES DE MALLARMÉ.

— S. MALLARMÉ, *Œuvres Complètes*, abbréviation O. C., Paris, Editions Gallimard, Bibliothèque de la Pléiade, 1945.
— S. MALLARMÉ, *Propos sur la poésie*, publiés par H. Mondor, Monaco, Editions du Rocher, 1953.
— S. MALLARMÉ, *Correspondance*, 1959-1985, éditée par H. Mondor et J. Austin, Paris, Gallimard, 11 volumes.
— S. MALLARMÉ, *Le Livre*, Introduction et présentation par J. Schérer, Paris, Gallimard, 1977.
— S. MALLARMÉ, *Les Noces d'Hérodiade*, Mystère, publié et introduit par G. Davies, Paris, Gallimard, 1959.

AUTRES ŒUVRES CITÉES.

— ARISTOTE, *La Poétique*, trad. J. Hardy, Paris, Editions Les Belles Lettres, 1932, 1969.
— ARISTOTE, *Les Topiques*, I, trad. Tricot, Paris, Ed. Vrin, 1965.
— Ch. BAUDELAIRE, *Œuvres*, Paris, Edit. Laffont, Collection «Bouquins», 1980.
— W. BENJAMIN, *Essais,* 2 volumes, trad. de Gandillac, Denoël-Gonthier, Collection «Médiations».
— N. BERDIAEFF, *Etudes sur Boehme*, introduction au «Mysterium magnum», Paris, Editions Aubier, 1954.
— N. BERDIAEFF, *Essai de métaphysique eschatologique*, Paris, Editions Aubier, 1946.
— E. BOUTROUX, *De la contingence des lois de la nature,* Paris, Editions Alcan, 1895.
— E. BOUTROUX, *De l'idée de loi naturelle,* Paris, Vrin, 1949, Cours de 1892-93.
— P. CLAUDEL, *L'art poétique,* Paris, Gallimard, 1984.
— R. DESCARTES, *Œuvres*, Paris, Gallimard, Bibliothèque de la Pléiade, 1963.

— MAITRE ECKHART, *Sermons*, traduits et commentés par R. Schürmann, Paris, Editions Planète, 1972.

— P. ELUARD, *Le dur désir de durer*, Editions Arnold-Bordas, 1946.

— GRÉGOIRE DE NYSSE, *De la création de l'homme*, in Patrologiae cursus completus, Edition J-P Migne, «Turnolti-Belgium», 44.

— G. W. F HEGEL, *Phénoménologie de l'esprit*, trad. J. Hyppolite, Paris, Editions Aubier, 1949, 2 volumes.

— G. W. F HEGEL, *Science de la Logique*, trad. P.-J. Labarrière et G. Jarczyk, Paris, Editions Aubier, 3 volumes, 1972-1981.

— G. W. F HEGEL, *Précis de l'Encyclopédie des sciences philosophiques*, trad. J. Gibelin, Paris, Vrin, 1967.

— HÉRACLITE, in *Les Présocratiques*, édition établie par J.-P. Dumont, Gallimard, La Pléiade, 1988.

— M. HEIDEGGER, *Essais et Conférences*, trad. A. Préau, Paris, Gallimard, 1958.

— M. HEIDEGGER, *Chemins qui ne mènent nulle part*, trad. Brokmeier, Paris, Gallimard, 1962.

— M. HEIDEGGER, *Lettre sur l'humanisme*, trad. Musnier, Editions Aubier, 1964.

— M. HEIDEGGER, *Questions, III*, trad. Préau, Hervier, Munier, Paris, Gallimard, 1966.

— F. HÖLDERLIN, *Œuvres*, traduction sous la direction de Ph. Jaccottet, Editions Gallimard, la Pléiade, 1967.

— E. HUSSERL, *Idées directrices pour une phénoménologie*, I, trad. Ricœur, Paris, Gallimard, 1952.

— E. JÜNGER, *Essai sur l'homme et le temps*, trad. H. Plard, Paris, Editions Bourgois, 1970.

— E. KANT, *Critique de la raison Pure*, trad. Trémesaygues et Pacaud, Paris, P.U.F, 1954.

— E. KANT, *Critique de la faculté de Juger*, trad. A. Philonenko, Paris, Vrin, 1968.

— E. KANT, *Histoire de la nature et Théorie du Ciel*, trad. Anne- Marie Roviello, Paris, Vrin, 1984.

— G. W . LEIBNIZ, *Nouveaux essais sur l'entendement humain*, Paris, Garnier-Flammarion, 1966.

— F. NIETZSCHE, *L'origine de la tragédie*, trad. G. Bianquis, Paris, NRF, Gallimard, 1970.

— NOVALIS, *Fragments*, trad. A. Guerne, Paris, Edit. Aubier, 1973.

— ORIGENE, *Cinquième homélie sur le Lévitique*, in Patrologiae cursus completus, édition J-P Migne, tome 12, «Turnolti-Belgium».

— SAINT-POL ROUX, *Les traditions de l'avenir*, Editions Rougerie, 1974.

— J.-P. SARTRE, Préface aux *Poésies de Mallarmé*, Paris, NRF, Gallimard, 1952.

— J.-P. SARTRE, *Mallarmé*, posthume, Paris, Gallimard, 1986.

— F. SCHLEGEL, *Ecrits de jeunesse, Gespräch über die Poesie*, édit. Minor, 1882, tome II.

— B. SPINOZA, *Œuvres*, Gallimard, Collection la Pléiade, 1967.

— W. SHAKESPEARE, *Théâtre*, Paris, Editions Rencontres, Garnier, 1961-1964.

— *Tao-Tö-King*, cité par K. White, voir Etudes citées ci-après.

ETUDES ET ARTICLES CRITIQUES.

— A. AYDA, *Le drame intérieur de Mallarmé*, Istambul, éditions de la Turquie moderne et Paris, Librairie J. Corti, 1955.

— G. BACHELARD, *La poétique de l'espace*, Librairie J. Corti, 1957

— A. BADIOU, *L'Etre et l'événement*, Paris Ed. Le Seuil, 1988.

— P. BÉNICHOU, *Le temps des prophètes*, Paris, Gallimard, 1977.

— Y. BONNEFOY, Préface à *Igitur, Divagations, Un coup de dés*, Paris, Gallimard, Poésie, 1976.

— R. CAILLOIS, *Les jeux et les hommes*, Paris, Gallimard, 1968.

— J. CHEVALIER et A. GHEERBRANT, *Dictionnaire des symboles*, Paris, Editions Laffont, 1982.

— G. DAVIES, *Mallarmé et le rêve d'Hérodiade*, Paris, Librairie J. Corti, 1979.

— G. DELEUZE, *Nietzsche et la philosophie*, Paris, P.U.F, huitième édition, 1991.

— G. DURAND, *Les structures anthropologiques de l'imaginaire*, Paris, PUF, 1963.

— L. FERRY et A. RENAUT, *Philosophie politique*, Paris, P.U.F, Recherches politiques, 3 volumes, 1985.

— L. FERRY et A. RENAUT, *Heidegger et les modernes*, Paris, Grasset, 1988.

— E. FINK, *Le jeu comme symbole du monde*, trad. H. Hildenbrand et A. Lindenberg, Editions de Minuit, 1966.

— M. FRANK, *L'ultime raison du sujet*, Hubert Nyssen Editeur, Actes Sud, 1986.

— M. FRANK, «Herméneutique et néo-structuralisme», *Revue internationale de philosophie*, 1984, fascicule 4.

— M. GUEROULT, *Descartes, selon l'ordre des raisons*, Paris, Editions Aubier, 1953.

— H. S. HARRIS, *Le développement de Hegel*, tome II., Lausanne, L'Age d'Homme, 1988.

— J. HENRIOT, *Le jeu*, Paris, P. U. F, 1969.

— B. MARCHAL, *La religion de Mallarmé*, Paris, Librairie José Corti, 1988.

— Ch. MAURON, *Des métaphores obsédantes au mythe personnel*, Paris, Librairie J. Corti, 1963.

— Ch. MAURON, *Mallarmé par lui-même*, Paris, Minuit, 1971.

— G. MICHAUD, *Mallarmé*, Paris, Hatier, 1971.

— H. MONDOR, *Vie de Mallarmé*, 2 volumes, Paris, Gallimard, 1943.

— H. MONDOR, *E. Lefébure,* Paris, Gallimard, huitième édition, 1951.

— Ph. MULLER, *Prévision et Amour,* II, Lausanne, l'Age d'homme, 1985.

— J.-C. PINSON, *Hegel, le droit et le libéralisme,* Paris, PUF, 1989.

— J.-P. Richard, *L'univers imaginaire de Mallarmé,* Paris, Le Seuil, 1961.

— P. RICŒUR, *La métaphore vive,* Paris, Ed. du seuil, 1975.

— P. RICŒUR, *Finitude et culpabilité,* Paris, Aubier-Montaigne, 1960.

— R. RUYER, *Néo-finalisme,* Paris, PUF, 1952.

— R. SCHÉRER, «Hegel et l'hégélianisme», *Revue des deux mondes,* Paris, 1861.

— R. SCHÉRER et A. KELKEL, *Heidegger,* Paris, Ed. Seghers, 1973.

— E. SOULA, *Gloses sur Mallarmé,* Editions Diderot, 1947.

— A. STANGUENNEC, *L'homme et ses normes,* Publications de l'Université de Nantes, Coll. Textes et langages, 1982.

— A. STANGUENNEC, «Ethologie, ontologie, éthique», *Revue de l'Enseignement philosophique,* avril-mai 1982.

— A. STANGUENNEC, discussion de la communication de Patrice Thompson, «Mallarmé, la Cour, la révolution», in *La révolution française dans la pensée européenne,* Lausanne, L'Age d'Homme, 1989, p. 165-167.

— A. STANGUENNEC, *Etudes post-kantiennes,* Lausanne, l'Age d'homme, 1987.

— S. VERDIN, *S. Mallarmé, le presque contradictoire,* Ed. Nizet, 1975.

— K. WHITE, *La figure du dehors,* Paris, Ed. Grasset, 1982.

TABLE DES MATIÈRES

ESSAIS D'ART ET DE PHILOSOPHIE

ARNOLD (P) — *Ésotérisme de Baudelaire.*
— *Clef pour Shakespeare.*
BESPALOFF (R) — *Cheminements et carrefours.*
BILEN (M) — *Dialectique créatrice et structure de l'œuvre littéraire.*
André Gide, Albert Camus, Marcel Proust, Franz Kafka.
CHAMPEAU (S) — *Borges et la métaphysique.*
DELATTRE (Floris) — *Le roman psychologique de Virginia Woolf.*
DION (R) — *Les anthropophages de l'Odyssée : Cyclopes et Lestrygons.*
DUCHENE (R) — *Écrire au temps de Madame de Sévigné : Lettres et texte littéraire.*
GILSON (Etienne) — *D'Aristote à Darwin... et retour. Essai sur quelques constantes de la bio-philosophie.*
— *L'école des muses.*
— *Héloïse et Abélard.*
— *Introduction aux Arts du Beau* (Ep).
— *Linguistique et philosophie. Essai sur les constantes philosophiques du langage.*
— *Matières et formes. Poiétique particulière des arts majeurs.*
— *La société de masse et sa culture.*
— *Les Tribulations de Sophie.*
GLAUSER (A) — *Albert Thibaudet et la critique créatrice.*
GOUHIER (H) — *La vie d'Auguste Comte* (Ep).
— *Descartes. Essais sur le « Discours de la Méthode », la métaphysique et la morale* (Ep).
— *Renan, auteur dramatique.*
— *Le théâtre et l'existence.*
— *Antonin Artaud et l'essence du théâtre.*
GOUHIER (M.-A.) — *Charles du Bos.* Préface de F. Mauriac.
KNOWLES (R.-E.) — *Victor-Emile Michelet, poète ésotérique.*
KRAFFT (J.-G.) — *Essai sur l'esthétique de la prose.*
LALO (Ch) — *L'Art et la vie. I. L'Art près de la vie* (Ep).

Imprimerie de la Manutention à Mayenne — septembre 1992 — N° 265-92